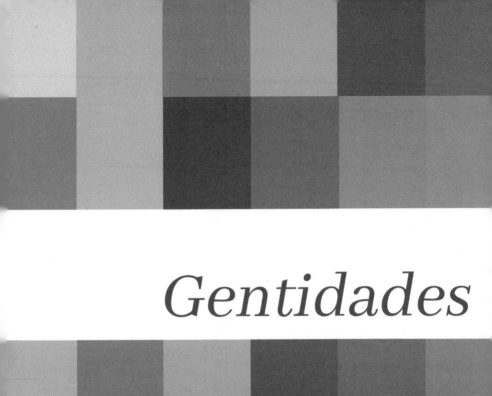

Gentidades

Darcy Ribeiro
Gentidades

São Paulo
2017

© **Fundação Darcy Ribeiro, 2013**
2ª Edição, Global Editora, São Paulo, 2017

Jefferson L. Alves — diretor editorial
Gustavo Henrique Tuna — editor assistente
Flávio Samuel — gerente de produção
Flavia Baggio — coordenadora editorial
Jefferson Campos — assistente de produção
Fernanda Bincoletto — assistente editorial e revisão
Tatiana F. Souza — revisão
Mayara Freitas — projeto gráfico
Eduardo Okuno — capa
Fundação Darcy Ribeiro e Fundação Joaquim Nabuco — imagens de capa

Obra atualizada conforme o
NOVO ACORDO ORTOGRÁFICO DA LÍNGUA PORTUGUESA.

CIP-BRASIL. CATALOGAÇÃO NA FONTE
SINDICATO NACIONAL DOS EDITORES DE LIVROS, RJ

R368g

    Ribeiro, Darcy
    Gentidades / Darcy Ribeiro. - 2. ed. - São Paulo : Global, 2017. il.

    ISBN: 978-85-260-2346-8

    1. Sociologia. I. Título.

17-41837
                                 CDD:306
                                 CDU:316.7

Direitos Reservados

global editora e distribuidora ltda.
Rua Pirapitingui, 111 — Liberdade
CEP 01508-020 — São Paulo — SP
Tel.: (11) 3277-7999 — Fax: (11) 3277-8141
e-mail: global@globaleditora.com.br
www.globaleditora.com.br

Colabore com a produção científica e cultural.
Proibida a reprodução total ou parcial desta obra
sem a autorização do editor.

Nº de Catálogo: **3669**

Acervo Fundar

SUMÁRIO

Nota editorial 9

Gilberto Freyre – Uma introdução a *Casa-grande & senzala* 11

    O escritor 16

    O intérprete 20

    A obra 25

    O método 32

    Os protagonistas 36

    O índio e o jesuíta 41

    O brasileiro senhorial 46

    A negraria 50

    Biocronologia 57

Uirá vai ao encontro de Maíra – As experiências de um índio
que saiu à procura de Deus 77

    Referências bibliográficas 97

Salvador Allende e a esquerda desvairada 99

Vida e obra de Darcy Ribeiro 117

NOTA EDITORIAL

Em sua atividade como professor, nas pesquisas antropológicas desenvolvidas junto aos índios e nos cargos políticos que exerceu, Darcy Ribeiro sempre se valeu do material humano que o cercou. Desbragadamente aberto ao trabalho coletivo, Darcy nunca se isolou e jamais permitiu que seus colegas de geração permanecessem solitários em suas utopias, tão caras a ele. Este *Gentidades* reúne três textos de Darcy concebidos em momentos diferentes de sua vida que denotam sua incontornável crença na capacidade de ação dos indivíduos quando movidos por bons ideais.

O primeiro texto aqui coligido constitui-se no prólogo à edição venezuelana de *Casa-grande & senzala*, obra-mestra de Gilberto Freyre, publicada dentro da coleção *Biblioteca Ayacucho*, em 1977. Os apontamentos de Darcy acerca do sociólogo pernambucano e seu livro fundamental trazem elementos para o repensar do lugar de Freyre no pensamento social brasileiro. Eles demonstram, antes de mais nada, o respeito irreverente que Darcy mantinha em relação a uma interpretação do Brasil com a qual tinha divergências e deslumbramentos.

Em seguida, nos deparamos com um dos textos mais célebres de Darcy no campo da antropologia indígena. Trata-se de um magnânimo ensaio em que procura desvendar os enigmas da trajetória de um índio chamado Uirá, o qual, após sentir-se por diversas vezes como um desterrado em sua própria terra, decide tirar a própria vida na vila maranhense de São Pedro, lançando-se para a morte nas águas do rio Pindaré.

Conhecedor de todos os cantos e meandros da América Latina, Darcy Ribeiro teve a oportunidade de conviver no Chile com Salvador Allende, fundador do Partido Socialista daquele país. O médico e político de importância central no panorama político latino-americano do século XX alcançaria a presidência da República do Chile em 1970. Como é sabido, Allende acabaria deposto em 1973 por um golpe militar encabeçado pelo chefe das forças armadas à época, o general Augusto Pinochet. Os sonhos de liberdade aspirados por Allende e incompreendidos por boa parte de seus contemporâneos são brilhantemente rememorados no texto de Darcy que encerra este livro.

Um passeio envolvente e inesquecível pelas reflexões de um homem que acreditava no poder transformador das gentes latino-americanas é que o leitor tem à sua disposição neste livro.

GILBERTO FREYRE*

Uma introdução a *Casa-grande & senzala*

> *... nossa tarefa máxima deveria ser o combate*
> *a todas as formas de pensamento reacionário.*
>
> Antonio Candido

Gilberto Freyre tem uma característica com que simpatizo muito. Como eu, ele gosta que se enrosca de si mesmo. Saboreia elogios como a bombons, confessa.

Sendo esse seu jeito natural, em torno dele se orquestra um culto que Gilberto preside contente e insaciável. Apesar de mais badalado que ninguém, é ele quem mais se badala. Abre seus livros com apreciações detalhadas sobre suas grandezas e notícias circunstanciadas de cada pasmo que provoca pelo mundo afora.

E não precisava ser assim. Afinal, não é só Gilberto que se admira. Todos o admiramos. Alguns de nós, superlativamente. Guimarães Rosa, o maior estilista brasileiro, nos diz que o estilo de Gilberto já por si daria para obrigar a nossa admiração. Mestre Anísio, o pensador mais agudo deste país, nos pede que antecipemos a Gilberto a grandeza que o futuro há de reconhecer nele, *porque ficamos todos mais brasileiros com a sua obra*.[1] Fernando de Azevedo, falando em nome da

---

* Prólogo à edição venezuelana de *Casa-grande & senzala*, publicada em 1977, no âmbito da *Biblioteca Ayacucho*, projeto editorial levado a cabo nas décadas de 1970 e 1980, o qual verteu para a língua espanhola uma série de livros clássicos concernentes à literatura, cultura e artes plásticas brasileiras. (N. E.)

1 Cito grifando porque enjoei das aspas.

sociologia, quase repete Anísio ao nos dizer que *todos lhe devemos* — a Gilberto — *um pouco do que somos e muito do que sabemos.*

Mas, não é só isso, é muito mais, diria Gilberto, e exemplificaria: Barthes não se consola da França não ter um intérprete gilbertiano para os seus primeiros séculos de formação. Um certo Briggs, bestificado, nos diz que *Casa-grande & senzala* é não só uma revelação para os brasileiros do que eles são, mas todo um triunfo universal. Uma douta comissão não sei do quê chega a afirmar que Gilberto já guia a humanidade inteira na busca de um sentido e de um propósito.

Abro este ensaio com tão grandes palavras porque, muito a contragosto, tenho que entrar no cordão dos louvadores. Gilberto Freyre escreveu, de fato, a obra mais importante da cultura brasileira.

Com efeito, *Casa-grande & senzala* é o maior dos livros brasileiros e o mais brasileiro dos ensaios que escrevemos. Por quê? Sempre me intrigou, e me intriga ainda, que Gilberto Freyre sendo tão tacanhamente reacionário no plano político — em declaração recente chega a dizer que a censura da imprensa é, em geral, benéfica e que nos Estados Unidos a censura é mais rigorosa do que em qualquer outro país do mundo — tenha podido escrever esse livro generoso, tolerante, forte e belo.

Creio que poderíamos passar sem qualquer dos nossos ensaios e romances, ainda que fosse o melhor que se escreveu no Brasil. Mas não passaríamos sem *Casa-grande & senzala* sem sermos outros. Gilberto Freyre, de certa forma, fundou — ou pelo menos espelhou — o Brasil no plano cultural tal como Cervantes à Espanha, Camões à Lusitânia, Tolstói à Rússia, Sartre à França. É certo que houve em nosso caso como nos outros alguns gestos mais, uns antes — ontem, o Aleijadinho, entre poucos — outros, depois — hoje, Brasília, de Oscar — mas, sem dúvida, entre eles está o de Gilberto. Por quê?

Casa-grande & senzala é, sem dúvida, uma façanha da cultura brasileira, como aliás foi visto desde os primeiros dias. Para Jorge Amado, o surgimento de *CG&S* foi uma *explosão de deslumbramento*. Desde alguns anos antes, observa ele, vinham surgindo os primeiros romances regionais que buscavam laboriosamente restabelecer a verdade sobre a vida social brasileira, falsificada pela literatura tradicionalista. *Mas um livro de estudos do Brasil, que fosse legível, bem escrito como* Casa-grande & senzala, *era coisa nunca vista*. Para Jorge Amado, entretanto, o mais espantoso era ver surgir naquele meio provinciano — que recitava Bilac e detestava Portinari — um homem com estudos universitários no estrangeiro que frequentava candomblés, gostava da boa comida baiana e conhecia cachaça fina. Um homem ávido de viver e de rir, que tinha prazer em admirar e gosto em louvar. Ele nos ensinava, diz Jorge Amado, que *só vivendo se pode aprender a ciência dos livros*.

Astrojildo Pereira, nosso principal crítico marxista de letras e de ideias, assinala que *Casa-grande & senzala aconteceu em 1933 como algo explosivo, de insólito, de realmente novo, a romper anos e anos de rotina e chão batido*. Suas novidades principais seriam *a de um livro de ciências escrito numa linguagem literária de timbre inusitado, numa linguagem atrevidamente nova mas muito nossa; um livro que dava categoria literária a muita palavra vulgar; e, sobretudo, um livro que tomava por protagonista central não aos heróis oficiais, mas à massa anônima*.

Nem tudo, porém, foram louvores naqueles dias de deslumbramento e espanto. O próprio vigor e, sobretudo, o estilo acre de *CG&S* provocaram em muita gente verdadeiras crises de exasperação. Principalmente pelo livre emprego de expressões tidas desde sempre como chulas, obscenas, irreverentes; mas também por muitas outras qualidades vistas como negativas. É compreensível, de resto, que assim fosse para um público leitor habituado à pobre língua que se escrevia então no Brasil, acostumado a louvar e levar a sério literatos acadêmicos tão tolos como vetustos. Suas ousadias ofendiam e arranhavam sensibilidades acadêmicas e feriam muitas almas bem formadas. Não podia ser de outro modo, se numa passagem GF nos ilustra sobre o mau costume português de jurar *pelos pentelhos da Virgem*. Noutra, fala do *despique*, antigo costume brasileiro de intercâmbio de esposas entre os amigos. Em ambos os casos, é verdade, sempre assentado na melhor documentação.

O certo é que, a mim e a todos, *CG&S* ensinou muitas coisas que precisamos começar a enumerar. Ensinou, principalmente, a nos reconciliarmos com nossa ancestralidade lusitana e negra, de que todos nos vexávamos um pouco. A ele se deve o havermos começado a aceitar, como ancestrais dignificantes, o povo que nos acostumáramos a identificar com o imigrante que fazia de burro de carga, puxando carrinhos de feira; ou o comerciante próspero e mesquinho em que ele se transfigurava depois de enricar. Devemos a Gilberto, sobretudo, o havermos aprendido a reconhecer, senão com orgulho, ao menos tranquilizados, na cara de cada um de nós ou na de nossos tios e primos, uma bocarra carnuda, cabelos crespos ou aqueles narigões fornidos de indubitável procedência africana e servil.

Evidenciados esses fatos, a questão que se coloca é saber como pôde o menino fidalgo dos Freyres; o rapazinho anglófilo do Recife; o moço elitista que viaja para os Estados Unidos querendo fazer-se protestante para ser mais norte-americano; o oficial de gabinete de um governador reacionário — como pôde ele — aparentemente tão inapto para esta façanha, engendrar a interpretação arejada e bela da vida colonial brasileira que é *CG&S*. O fato é espantoso, mas, como é inegável, temos que conviver com ele e explicá-lo ou ao menos compreendê-lo, se for possível.

De início devemos nos advertir de que à postura aristocrática e direitista não corresponde necessariamente uma inteligência curta das coisas ou uma sensibilidade embotada das vivências. A inteligência e a ilustração, como a *finesse*, são outros tantos atributos da riqueza e da fidalguia, como a beleza das damas e os bons modos dos damos. O certo é que o fidalgote GF ajudou como ninguém o Brasil a tomar consciência de suas qualidades, principalmente das bizarras. Às vezes, com demasiado pitoresquismo, mas vendo-as sempre como coisas entranhadamente nossas, como carne de nossa carne, vindas de onde viessem. Mesmo assim, ou por isso mesmo, Gilberto Freyre muito ajudou os brasileiros a aceitarem-se tal qual são, sem vexames por suas origens e com reconhecimento de suas aptidões para, amanhã, melhorar o humano.

Gilberto gosta de dizer que, apesar de descortinar o passado e o futuro e vagar pela terra inteira, é um escritor situado no tempo e no espaço. Assim é efetivamente. Escreve de sua casa senhorial no bairro dos Apipucos, no Recife, como um neto de senhores de engenho, um branco seguro de sua fidalguia. Assim como Euclides — a observação é de Gilberto — escrevia como um ameríndio, um caboclo, Gilberto escreve como um neoluso, como um dominador. Nenhum dos dois é, apenas, uma coisa ou outra, bem sabemos. Mas essas são as figuras que eles assumem, com as quais eles se irmanam e se identificam. Seus livros são louvações delas.

Apresso-me, porém, em assinalar que é muito difícil generalizar sobre Gilberto. Cada vez que julgamos apanhá-lo na rede, ele escapole pelos buracos como se fosse de geleia. Assim é que, abandonando minha generalização anterior, tenho aqui — duas linhas adiante — que retificá-la, sombreá-la: Gilberto na verdade não é nem mesmo o velho sábio de Apipucos, não é ninguém porque, como Macunaíma, ele é nós todos. Talvez esse seja seu traço mais característico e nisso resida o seu grande débito para com a antropologia. O ser antropólogo permitiu a Gilberto sair de si, permanecendo ele mesmo, para entrar no couro dos outros e ver o mundo com olhos alheios. Trata-se de um caso de apropriação do outro numa operação parecida à possessão mediúnica.

Nessa capacidade mimética de ser muitos, permanecendo ele, é que se assenta o segredo que lhe permitiu escrever *Casa-grande & senzala*. Através de suas centenas de páginas, Gilberto é sucessivamente senhorial, branco, cristão, adulto, maduro, sem deixar de ser o oposto em outros contextos, ao se vestir e sentir escravo, herege, índio, menino, mulher, efeminado. As dualidades não se esgotam aí mas se estendem nas de pai e filho, senhor e escravo, mulher e marido, devoto e santo, civilizado e selvagem, que Gilberto vai encarnando para mostrar-se pelo direito e pelo avesso, página após página, linha por linha.

O ESCRITOR

Gilberto Freyre abre *Casa-grande & senzala* dizendo simplesmente: *em outubro de 1930 ocorreu-me a aventura do exílio*. Após esse registro insólito, num livro dessa classe, deixa escapar aparentemente sem propósito que em Lisboa, além das bibliotecas, arquivos e museus, se familiarizou *com os sabores novos do vinho do Porto, do bacalhau e dos doces de freiras que deixou com saudades*. Essa é uma boa amostra do seu modo personalíssimo, enrolado e até dengoso de exercer-se como cientista, afamando-se ao mesmo tempo como escritor literário. E que escritor!

E é sempre o escritor, o estilista quem comanda a escritura. Quase sempre com fidelidade à ciência, retesando a linguagem para obrigá-la a servir ao conteúdo, mas cuidando-se muito mais do que se permitiria qualquer escritor simplesmente ensaísta ou tão somente científico. É verdade que muitas vezes o leitor atento fica com o sentimento de que é logrado. Assim ocorre quando Gilberto decide demonstrar suas teses pela negação, como no seguinte caso: *Não que o português aqui tivesse deparado em 1500 com uma raça de gente fraca e* mole, incapaz de um maior esforço do que o de caçar passarinhos com arco e flecha. Nada disso. A suspeita de treta aumenta mais ainda quando, no calor da argumentação cerrada, ele decide atribuir ao negro qualidades e defeitos que, por igual, se poderiam atribuir ao índio. Assim é, por exemplo, quando apresenta, ao leitor encandecido por seus foguetórios de estilo, *um índio morrendo de banzo ou envolvido numa tristeza de introvertido*, e um *negro pleno de energia moça, tesa, vigorosa e exuberante de extroversão e de vivacidade.*

Quem serve a quem neste festival de estilo? Em certos trechos — demasiado numerosos para os sisudos — as tiradas de Gilberto Freyre saltam como fagulhas, iluminando páginas de análise acurada ou amenizando raciocínios sutilmente elaborados. Às vezes é pura coqueteria de escritor que, não resistindo ao beliscão interior de seu próprio demônio artístico, interrompe a frase severa para pedir: *perdoe o leitor os muitos inevitáveis ão*. Quem, escritor luso ou brasileiro, não se sentiu acuado pela cacofonia desses inevitáveis ão, tão característicos da nossa língua? Em outro lugar GF qualifica de *brasileirinha da silva* a arquitetura das casas-grandes. Aqui, provavelmente, o caráter duvidoso do juízo — Portugal está cheio de magníficas casonas rurais avarandadas, no mesmo estilo e de melhor qualidade, além de muito mais antigas — é que faz Gilberto afirmá-lo com tanta ênfase e graça. É duvidoso que essa forma de compor se justifique muito no plano da ciência, mas não há nenhuma dúvida de que ela é excelente no plano literário.

O que irrita a muitos críticos e molesta a outros tantos é justamente essa qualidade literária dos textos de Gilberto; são as concessões que o cientista faz ao escritor, raramente traiçoeiras, porém sempre com o efeito extravagante de tratar as coisas mais sérias da forma mais gaiata.

Trabalhando laboriosamente, não raro ele consegue dar contorno e cor, caráter e individualidade a seus tipos e figuras. Mas,

GENTIDADES

nesse esforço, em muitos casos exagera, exorbita, fantasia, com uma liberdade artística que nenhum escritor hirsuto se consentiria. Apresentando o protagonista central de *CG&S*, o colonizador lusitano, GF começa em tom suave, contrastando-o com os dois outros imperialistas, seus contemporâneos. O lusitano seria *um espanhol sem a flama guerreira nem a ortodoxia; um inglês sem as duras linhas puritanas.* O diabo é que Gilberto, vivaz, vai adiante, opondo à marca histórica sinistra que a legenda negra impôs ao espanhol, *a fama ruim e triste que ganhou o português, de inepto, estúpido, salaz.* E Gilberto continua contrastando *a imagem vertical, austera, quixotesca, brava, ainda que angulosamente gótica do castelhano, com a figura horizontal do português, achatada, redonda, enxudiosa.* Arremata o perfil dizendo do luso que é *somítico e rasteiro: um dom-juan de senzala.*

Gilberto Freyre não fica aí em suas liberdades. Vai adiante, rindo, zombando, com uma galhofa de moleque, que desacorçoa o leitor brasileiro acostumado à pobre escrita retórica e tola que se lia então como literária. Alguns perfis traçados por ele são primorosas caricaturas de figuras vetustas. Do filósofo Farias Brito, tão cultuado pela direita católica, Gilberto escreve que *fracassando na política republicana, refugiou-se com seu fraque preto e seus bigodes tristes nas indagações da filosofia.* Jamais uma biografia dirá tanto e retratará tão bem ao pobre filosofante.

Reclamando a falta, no Brasil, de diários, cartas, autobiografias, confissões e outros documentos pessoais tão abundantes no mundo inglês, GF registra, primeiro, que *o confessionário absorveu os segredos pessoais e de família, estancando nos homens, principalmente nas mulheres, esta vontade de se revelarem aos outros...* Depois se consola, não metódico ou circunspecto como faria outro, mas em evidente gozação, dizendo: *em compensação a Inquisição escancarou sobre a nossa vida íntima da era colonial — sobre as alcovas com camas que, em geral, parecem ter sido de couro, rangendo às pressões dos adultérios e dos coitos danados; sobre as camari-*

nhas e os quartos de santo; sobre as relações de brancos com escravas — seu olho enorme, indagador. Como não ver o gozo do autor nesses registros e ao mesmo tempo o gosto literário, o bom gosto desses textos?

É certo que todo o sumo científico dessas asserções poderia ser comunicado severa e friamente, ao gosto de tantos ensaístas sensaborões e parvos. Mas uma redução dessa ordem mataria, em Gilberto, o que o faz e o manterá vivo na cultura brasileira, que é o seu talento de escritor. Creio mesmo que não há precedente de nenhum estudioso que tenha rejeitado tão veementemente quanto Gilberto o que todos consideram como a linguagem apropriada, a terminologia especializada, a expressão adequada, ou seja, esse linguajar sombrio e solene, em geral pesadíssimo, com que os cientistas escrevem ou, no máximo, essa língua elegante, imaginosa, discretamente poética que uns poucos alcançam em alguns textos muito especiais. Gilberto, porém, vai muito além de tudo isso, escrevendo numa linguagem de arrepiar até sensibilidades literárias. Não é à toa que muitos disseram que seu livro, de tão chulo, seria mais pornografia que sociologia; outros reclamaram que tal desleixo de linguagem não se casava com os propósitos proclamados, de respeitabilidade intelectual (Afonso Arinos).

O que mais ressalta em *CG&S* é a combinação bem-sucedida de suas qualidades de estudo científico documentadíssimo e cheio de agudas observações, com as de criação deliberadamente literária. O extraordinário é que o fato de atender a dois amores, abarcando ao mesmo tempo o saber e a arte, não invalida essa obra única. Muito ao contrário, a ciência, além de fazer-se mais inteligente — coisa tão rara — e de libertar-se de uma quantidade de modismos, compõe um livro que se lê com prazer. Também a literatura, nesse matrimônio desigual, nada perde de visão íntima, de revelação e de confidência.

Cuidado, porém! Algum preço se terá de pagar por tantas vantagens. O principal é, talvez, a necessidade de que o leitor se acautele.

São incontáveis as vezes em que o antropólogo se deixa engambelar pelo novelista, sendo preciso ler e reler atento tanto ao gozo literário como aos saberes duvidosos, vendidos como boa ciência.

As claudicações científicas decorrentes desse amor ao estilo e ao enredo se manifestam de mil maneiras. Às vezes é puro estilismo que se afirma, por exemplo, no martelado do ponteio em que caracteriza o poderio do senhor de engenho: *dono dos homens. Dono das mulheres. Sua casas representam esse imenso poderio feudal: feias e fortes. Paredes grossas. Alicerces profundos. Óleo de baleia.* Insatisfeito em matraquear, versejando mais do que escrevendo, GF desborda — agora episódico — para contar o boato do senhor de engenho que desejando dar perpetuidade à sua casa-grande *mandou matar dois negros e enterrá-los nos alicerces.* Adiante, de passagem, delata um outro senhor de engenho que começa piamente sua carta ao confessar com estas palavras: *como Deus foi servido que eu mandasse matar meu filho...*

Outras vezes, sob a sedução novelística de estória puxa estória, GF, após fornecer informação positiva e erudita sobre um tema, transborda, concluindo para além do que é sabido. Exagerando. Assim sucede quando, depois de valorizar a revolta dos negros malês da Bahia, em 1835, como uma revolução libertária cujos líderes seriam muçulmanos, sabendo muitos deles ler em árabe, Gilberto arremata: *nas senzalas haveria mais gente sabendo ler e escrever que no alto das casas-grandes.*

O INTÉRPRETE

Uma leitura atenta de GF revela, também, muita contradição íntima entre os valores professados e os valores realmente atuantes como seus critérios existenciais. Sirva de exemplo o sadomasoquismo que ele atribui ao brasileiro. *Sadismo do branco, masoquismo do índio e do negro*. O primeiro começaria gozando ao torturar seu moleque de brinquedos, depois viria o gozo de machucar escravos, por fim, cairia no gozo maior que é o de oprimir quem quer que esteja por baixo. O outro, fruindo ser torturado e machucado. No exercício mesmo desses papéis recíprocos, o brasileiro da classe dominante teria ganhado seu traço mais característico — o mandonismo — e sua contraparte social, o povo-massa, seu gosto também mais típico — o masoquismo — expresso no gozo da *pressão sobre ele de um governo másculo, corajosamente autocrático (sic)*. Como se vê, para Gilberto Freyre, o despotismo — que viabiliza a preservação da ordem numa sociedade brutalmente desigualitária e injusta como a brasileira do passado e do presente — não seria mais do que um atavismo social, um laivo do *puro gosto de sofrer, de ser vítima ou de sacrificar-se* que singularizaria o brasileiro comum.

Entusiasmado com sua descoberta, GF a generaliza, procurando explicar o conservadorismo brasileiro pela precocidade com que saímos do regime escravocrata, o que resultaria, por um lado, no *sadismo do mando* disfarçado de *princípio de Autoridade e defesa da Ordem* e, por outro lado, nos traços binários de *sadistas-masoquistas, senhores-escravos, doutores-analfabetos*. O espantoso desse raciocínio, já de si enroladíssimo, é seu remate: *... e não sem certas vantagens: as de uma dualidade não de todo prejudicial à nossa cultura em formação, enriquecida de um lado pela espontaneidade e pelo frescor de imaginação e emoção do grande número e, de outro lado, pelo contato, através das elites, com a ciência, com a técnica e com o pensamento adiantado da Europa.*

Nesse caso, é óbvio, não seria injusto falar-se de uma tara direitista gilbertiana. Assim seria, de fato, se esse argumento não fosse tão familiar a toda uma antropologia colonialista. Em sua propensão a tudo esconder atrás de um suposto relativismo cultural, essa antropologia se torna capaz de apreciar favoravelmente as culturas mais elementares e até de enlanguecer-se em saudosismos do bizarro e em amores estremecidos pelo folclórico. O que não faz é dar qualquer contribuição útil para vitalizar um valor real, afirmativo das culturas oprimidas; e muito menos despertar na gente que as detém uma consciência crítica ou uma postura rebelde contra a ordem social que as explora e oprime. Em lugar disso o que faz é justificar o despotismo.

Aqui, agora, é Gilberto Freyre — que nos lavou a cabeça de tanta má ciência europeia da geração passada — que paga o preço à má ciência de sua geração, encontrando nela, por vias oblíquas, a explicação suspirada de sua nostalgia dos idos avoengos, de seu gosto por um mundo em que o negro e o povo ocupassem, felizes, o seu devido lugar.

Gilberto Freyre apresenta *Casa-grande & senzala* como uma *história íntima,* como um *roman vrai* à Goncourt, com algo de introspecção evocativa a Proust. E esta é talvez a melhor caracterização de sua obra, uma espécie de estória bisbilhoteira da vida doméstica do senhorio nordestino, que um neto indiscreto recorda amorosamente, gozando e sofrendo: *é um passado que se entende tocando em nervos; um passado que emenda com a vida de cada um; uma aventura de sensibilidade, não apenas um esforço de pesquisa pelos arquivos.*

Esse tipo de história íntima, entranhadamente gozosa e sofrida, Gilberto Freyre a compõe no esforço paciente de ir reconstituindo a rotina dos fatos mais triviais para surpreender nela, não os grandes eventos causais, cheios de consequência — que caça o historiador romântico —, mas a acumulação negligente do cotidiano que, através das décadas e dos séculos, vai formando uma capa quase geológica, com dobras delicadas, pequenas saliências, espessuras que mal se notam, mas que são cada uma delas os nós do manto da vida de um povo.

Armado de tudo que podia aprender no esforço de outros povos por se compreenderem e se expressarem em obras interpretativas, GF volta-se para o seu contexto, indagando o porquê da trama social, a razão do risco do bordado. E o faz com uma mestria sem paralelo, não só porque retrata um mundo familiar, em evocações iguais àquelas que poderia ele mesmo fazer de sua vida de família, como também porque recorre a todas as fontes que podem ajudá-lo. Cada anotação tomada casualmente por um senhor de engenho; cada observação de um estrangeiro que viu uma casa-grande e a descreveu; cada anúncio de jornal buscando um escravo fujão ajuda a compor a imagem tipológica do senhor de engenho ou o paradigma do escravo que não existiram, jamais, concretamente, antes de exorcizados na narrativa de GF. O que existiu foi um senhor Lula ou o negro Bembão, pessoas singulares, irrepetíveis que, de fato, só lhe servem de gravetos para queimar no forno do engenho onde vai compondo sua história íntima: a memória possível de remotos idos que remembrados nostalgicamente por GF revivem para todos nós.

Afinal, que é a história, senão essa reconstituição alegórica do passado vivente que nos ajuda a compor nosso próprio discurso sobre o que estamos sendo? O que nos dá Gilberto serão achegas a essa história, senão à história comum, ao menos uma contribuição fundamental à história dos poucos, dos ricos, dos bonitos, dos mandantes, daqueles anos ásperos em que o Brasil se formou. Ainda assim é muito importante, porque Gilberto não descreveu apenas personagens todo-poderosos como os senhores de engenhos, mas os fez viver ou reviver para nós, dentro de suas casas-grandes, cercados de sua negralhada, que nós vemos através de seus olhos. Se o que ele nos dá não é a perspectiva mais rica, nem a mais representativa ou a mais realista, é ao menos a mais bizarra, a mais gostosa, a mais cheirosa, a mais gozosa, a mais saudosa.

Não me interpretem mal. Jamais quis dizer que *CG&S* constitua, apenas, um livro pitoresco. Muito ao contrário. Digo que essa visão arejada, risonha, nos proporciona a melhor contribuição disponível até agora para fazer do Brasil um protagonista literário que, podendo conhecer-se pela leitura, passa a existir através dela. Ao longo das páginas de *CG&S*, atiçados por GF, vamos imaginando, vendo e sentindo o que foi através dos séculos o Brasil, em seu esforço de construir-se a si próprio como produto indesejado de um projeto que visava a produzir açúcar, ouro e café ou, em essência, lucros, mas que resultou em engendrar um povo inteiro.

Apesar de todas as limitações, guiados por ele, percorremos outra vez os ínvios caminhos pelos quais viemos sendo o que somos, nesse trânsito em que nos fizemos. Através dessa reconstituição, o que nos dá Gilberto é uma compreensão da instância presente, como resultado necessário do nosso passado real. Ainda não é, obviamente, a visão prospectiva do que havemos de ser. Isto, porém, não é com ele. É conosco. É tarefa nossa: dos que não gostamos do Brasil do passado tal qual foi; dos que não nos consolamos de que o Brasil seja no presente o que ele é.

Voltemos, porém, à nossa indagação original; o que teria permitido a GF escrever *CG&S*? A razão preponderante é ser ele um ambíguo. Por um lado, o senhorito fidalgo evocativo de um mundo familiar, de um mundo seu. Por outro lado, o moço formado no estrangeiro, que trazia de lá um olhar perquiridor, um olho de estranho, de estrangeiro, de inglês. Olho para quem o familiar, o trivial, o cotidiano — e como tal desprovido de graça, de interesse, de novidade — ganhava cores de coisa rara e bizarra, observável, referível. Combinando as duas perspectivas nele interiorizadas, sem fundi-las jamais, GF viveu sempre o drama, a comédia — a novela, na verdade — de ser dois: o pernambucano e o inglês. Tão totalmente inglês que vestia calças de flanela e paletó de *tweed* para ver o corso no carnaval do Recife e a vida inteira escreveu anglicanamente sobre a sua própria pernambuquice.

Nessa ambiguidade chegou muitas vezes a tensões dramáticas. Assim ocorreu nas instâncias em que Gilberto tentou anglicanizar-se de todo, fazendo-se protestante primeiro, depois aspirando ser norte-americano e, finalmente, desejando fixar-se em Oxford como professor anglo-hispano. Felizmente, a opção vitoriosa foi por voltar à solareira do Recife e só por isso o temos aí, posto — ainda aqui inglesmente — no seu casarão nobre, nobiliárquico de subúrbio, a escrever dali para o mundo.

Antes, durante e sempre, GF vem cultivando, com rara intensidade, a sua condição de brasileiro. Com uma intensidade de quem suspeita que não o é tanto assim. O melhor retrato que traçou de si mesmo é o que escreveu sobre Euclides da Cunha, caracterizando-o pelo que não tinha, nem era... coitado. Senão, vejamos: *Nem moças bonitas, nem danças, nem jantares alegres, nem almoços à baiana com vatapá, caruru, efó, feijoadas à pernambucana, nem vinho, nem aguardente, nem cerveja, nem tutu de feijão à paulista ou à mineira, nem sobremesas finas segundo velhas receitas de iaiás dos sobrados, nem churrascos, nem manga de Itaparica, abacaxis de Goiana, açaí, sopa de tartaruga, nem modinhas ao violão, nem pescaria de Semana Santa, nem siri com pirão, nem galos de briga, nem canário do Império, nem caçadas de onça ou de antas nas matas das fazendas, nem banhos nas quedas d'água dos rios de engenho* — em nenhuma dessas alegrias caracteristicamente brasileiras Euclides da Cunha se fixou. Gilberto, sim. Demorada. Reiterada. Voluptuosamente.

A OBRA

Casa-grande & senzala é uma monografia de caráter etnográfico. Seu propósito é — ajudado pelo saber metodológico e teórico acumu-

GENTIDADES

lado pela ciência — descrever e explicar um contexto sociocultural novo, autônomo e singular como o é tanto uma tribo indígena como o mundinho do engenho de açúcar pernambucano.

A ciência que orienta o olho perscrutador o faz ver coisas e aspectos que não veria sem uma formação adequada. Mas nesse passo a ciência mesma se renova, porque submete a uma prova de fogo todo o seu conhecimento, indagando se ele é capaz de explicar — apelando para precedentes conhecidos — o que se observa no contexto novo ou se aquele saber é que deve ser revisto e ampliado para se tornar capaz de explicar aquela variante, e assim enriquecer-se.

Dizendo que *CG&S* é etnografia, afirmamos que é *obra histórica*, no sentido de que pretende explicar um contexto humano concreto, único, singular, irrepetível. Participa, assim, mais do caráter da biografia que da psicologia. Nossa afirmação importa, também, em dizer que *CG&S*, falando com propriedade, não é sociologia. Ao menos não o é no que a sociologia deveria ser: um discurso teórico, abstrato, sobre a natureza das relações societárias. Temo, porém, que esta sociologia a que me refiro — uma espécie de física do social, diferente tanto da história da física como de qualquer descrição dos fatos físicos — não existe, feita, em lugar algum, sendo, no máximo, uma aspiração de antropólogos ambiciosos. Quero dizer tão somente que *CG&S*, tal como foi composta, não aspira à formulação de uma teoria geral sobre coisa alguma. O que ela quer é levar-nos pela mão, ao engenho, a um engenho que não existe — à abstração-engenho feita de todos os engenhos concretos de que Gilberto teve notícia — para mostrá-lo no que ele poderia ter sido, no que terá chegado a ser naquele Nordeste do Brasil de 1600 a 1800.

Só incidentalmente Gilberto Freyre procura formular generalizações válidas para outros contextos sociais. Isso ocorre nos trechos breves em que ele busca mostrar que a estrutura básica do mundo do açúcar é a mesma do mundo do ouro e do café, que o sucederiam em outras terras brasileiras, mas sob os mesmos fundamentos. Gilberto chega a ser também comparativo quando contrasta, de passagem, a colonização portuguesa com a holandesa, a inglesa, a francesa e alguma outra. Não se trata, porém, em caso algum, de procedimento sistemático de comparação, revestido dos necessários cuidados metodológicos para estabelecer uma tipologia e confrontar os tipos, característica por característica.

Gilberto jamais chega a se interessar seriamente pela generalização teórica, nem mesmo debate o que seja a *sociedade patriarcal* que nos exibe em relação a outros padrões patriarcais e não patriarcais da sociedade. Nem indaga, tampouco, sobre a posição evolutiva correspondente ao espécimen que ele estuda. Não quer saber igualmente o que este representa enquanto formação econômico-social ou configuração histórico-cultural. Aliás, tudo isso seria pedir demais. *Casa-grande & senzala* e seu autor não o fazem nem precisariam fazê-lo porque não é esse o seu ofício, nem essa a sua vocação ou o seu interesse.

Entretanto, o descaso de Gilberto pelos aspectos propriamente teóricos do seu trabalho, e a superatenção que dedica aos aspectos etnográficos da descrição compreensiva — ajudado por todas as contribuições científicas que possam lançar alguma luz para compreendê-la — tudo isso está muito vinculado ao tipo de formação acadêmica que GF teve. Com efeito, creio que o descaso teórico de Gilberto não é, portanto, uma singularidade de caráter. É uma consequência de sua formação boasista. É herança do velho Franz Boas, que desejou muito lucidamente fazer uma antropologia burra, como uma sistemática botânica ou zoológica. Uma antropologia tão boa como nenhuma na descrição sistemática, criteriosa, exaustiva, cuidadosíssima de espécimens culturais, mas desinteressada de qualquer generalização teórica.

Boas assim agiu tanto por malícia como por cautela. Hebreu, imigrado, trabalhou em meio ao puritanismo daquela Nova York da

GENTIDADES

virada do século, provavelmente muito amedrontado com o que sucedera a Lewis Morgan. Era de seus dias a hedionda discriminação que desencadeara sobre o melhor dos etnólogos norte-americanos, o único pensador original, vigoroso e fecundo que aquele país produziu em todos os tempos. Tudo isso porque ousara reconstituir em *Ancient Society* as etapas principais da evolução das sociedades humanas, como Darwin fizera quanto ao desenvolvimento das espécies. Ou, sobretudo, porque tivera má sorte, seu livro foi cair exatamente nas mãos de Engels, que se entusiasmou com aquele etnólogo do Novo Mundo que encontrara, por outras vias, as mesmas comprovações do caráter transitório e evolutivo das instituições sociais que Marx estabelecera através do estudo da economia política.

O livro de Morgan, reescrito por Engels e publicado sob o título *Origem da família, da propriedade privada e do Estado,* alcançou uma tiragem de milhões de exemplares. Andava nas mãos dos operários comunistas que, com base nele, argumentavam sobre o fim previsível da propriedade privada e do capitalismo, e sobre o provável amanhecer de uma sociedade socialista, ainda em seus dias. O efeito desse êxito foi ter recaído sobre Morgan todo o peso do preconceito e da odiosidade antievolucionista e antirrevolucionária do puritanismo e do liberalismo norte-americanos. Morgan, e por extensão a própria inteligência, foi proscrito da antropologia que, para subsistir e florescer nas universidades e nos museus, teve de dar garantias de fidelidade ao sistema e praticar todos os ritos de comprovação do seu conservadorismo.

Gilberto Freyre, formado nesse ambiente, mal ouviu falar de teoria. O máximo que encontrou foi o Seligman da *A interpretação econômica da História,* que recuperava com pinças o que julgava aproveitável da obra de Marx, mas, como dizia então Gilberto Freyre: *sem se tornar passionalmente apologético do Grande Judeu Alemão ou — o que seria pior — de um Marxismo parado no século XIX.*

28

Para não ser revolucionária, a antropologia de Boas e de seus tantos discípulos pagou o preço de não versar teoria alguma, adiando para futuras gerações a interpretação da imensa biblioteca factual que escreveram. Ou, se tanto, teorizando rasteiramente em campos isentos de qualquer sabor contestatório. A única exceção é sua oposição ao racismo e ao colonialismo — dominantes na antropologia europeia — a que os boasistas opuseram um culturalismo antievolutivo e exacerbado no seu relativismo, mas generoso e compreensivo no entendimento das sociedades e culturas menos complexas e das raças perseguidas.

O que devemos reter sobre a herança acadêmica de Gilberto Freyre é a fonte boasiva, tanto do seu ateoricismo como de sua propensão etnográfica. Graças a essas duas heranças ele pôde realizar estudos de grande profundidade e reunir documentação copiosíssima sobre os temas de que tratou. Mas nem por isso se lhe pode atribuir o que jamais foi e nem mesmo quis ser: um teórico. O que fez Gilberto, nesse plano, foi contestar generalizações deterministas muito em moda nos seus dias. Generalizações que, de resto, já haviam sido contestadas por Manoel Bonfim, Roquette-Pinto e alguns outros, ainda que jamais com o vigor e a eloquência que esse debate alcançaria em Gilberto.

A caracterização de *Casa-grande & senzala* como monografia etnográfica regional exige ainda duas considerações. Primeiro, a de que ela não tem paralelo, uma vez que não se conhecem estudos precedentes ou posteriores da mesma envergadura. É óbvio que não se pode considerá-la uma obra da mesma natureza dos "estudos de comunidade" realizados por tantos antropólogos e sociólogos, que são os que dela mais se aproximam. Nesses casos, porém, toma-se uma comunidade pequena para um estudo intensivo de observação direta, na suposição de que as características da sociedade global ali se deixem surpreender, concretizadas em modos de conduta observáveis diretamente. E, talvez, até melhor inteligíveis em certos aspectos do que se possa pretender com os estudos por amostragem, através de inquéritos ou questionários tão do gosto dos sociólogos, apesar de tão infecundos.

Todavia, *Casa-grande & senzala* contrasta fortemente com esses estudos de comunidade, pela amplitude de dimensões regionais de seu objeto de estudo e, também, porque seu tema, situado no passado, não enseja observação direta. Tem de comum oferecer ao pesquisador, como campo de estudos, um contexto social concreto em toda a sua complexidade de entidade ecológica, demográfica, econômica, social, cultural e psicológica. Não se trata, aqui, das duplas operações de extrair, através de uma técnica artificiosa, uma massa de observações sobre a família, o trabalho ou a religião por exemplo — como se elas existissem em si — e depois restaurar sua concretude devolvendo-as ao contexto de que fazem parte, pela análise de suas relações com a totalidade. Trata-se, isso sim, de procurar ver como gentes, organizadas ou não em famílias, representando diferentes papéis recíprocos, produzem e reproduzem a si mesmas e às suas formas de vida, pela procriação, pelo trabalho e através de formas coletivas de culto.

O símile principal de *Casa-grande & senzala* dentre os estudos antropológicos talvez esteja nas tentativas, todas fracassadas, de realizar grandes estudos de caráter nacional. Aqueles que foram feitos durante a guerra, porém, para o Japão e para a Rússia, chegam ao ridículo, em sua tentativa de buscar nas minúcias da higiene infantil, por exemplo, explicações das formas atuantes de conduta daqueles povos, e para as motivações de japoneses e de russos como soldados na guerra. Mas não foi só o interesse imediato e até bélico que invalidou esses estudos. Não havia, entre seus autores, ninguém armado — como estava Gilberto — para uma façanha dessa envergadura. Exceto, talvez, Ruth Benedict, que, aliás, foi muito infeliz em sua tentativa de entender os japoneses.

A segunda ordem de considerações diz respeito às consequências desse caráter localizado e concreto do objeto de estudos de *Casa-grande & senzala*. Tratando-se de reconstituir uma civilização que se formou, floresceu e morreu numa região dada, onde a gente formada de descendentes de todos os seus protagonistas continua vivendo — e entre elas o próprio autor — tudo fica inevitavelmente impregnado de reminiscências. Tantas, que sempre há o perigo de que o local e o regional se convertam em regionalismos, o regionalismo em tradicionalismo e tudo isso em saudosismos. Sobretudo, porque o olho que olha é olho dos que veem ainda do lado de cima.

O que desejo dizer aqui é, tão só, que obviamente tem consequências o fato de que quem escreveu *CG&S* não ser um estranho, mas sim o protagonista de elite, fidalgo, minoritário na inumerável massa humana, que edificou com suor aquela civilização. Naturalmente, o escravo não fez tudo sozinho porque trabalhou debaixo das ordens de um capataz que sabia muito, e este debaixo da vigilância de um senhor que, se não sabia nada, era quem sabia mais dos aspectos traficanciais do negócio. Mas não há como esquecer que, à perspectiva do senhor, do dono, corresponde uma visão que é o reverso da mirada do escravo. Esse contraponto ressalta, por exemplo, uma das características remarcáveis de Gilberto: a sua nostálgica visão de senhor de engenhos e de escravos, que ele expressa, sentimentalmente, ao longo do livro. É de todo improvável que aos olhos de um alterno de Gilberto, isto é, um descendente de escravos da mesma casa-grande, se encontrasse um grão que fosse dessa nostalgia.

É Gilberto por isso um alienado? — Não! O que lhe sobra é autenticidade. Ele fala não só de cátedra, fala como um íntimo e fala convincentemente, como um conivente confesso. Não é nessa intimidade, entretanto, que reside o segredo resgatável da "metodologia" de Gilberto. Seria como pensar que quem sabe mesmo de tuberculose são os tuberculosos. Gilberto é sábio porque à sua proximidade e identificação de observador não participante — mas mancomunado — ele alia a qualidade oposta, que é a visão de fora — o olho de inglês a que já nos referimos —, a capacidade de ver o bizarro onde o pernambucano da melhor cepa não veria nada.

O mundo é feito de rotina, de vida espontânea e naturalmente repetida, que nem chega a ser notada como coisa que careça de explicação, a não ser para quem venha de fora ou pertença a outro contexto. O viajante estrangeiro vê tão saborosamente o mundo porque ele está armado dessa visão de estranho que se projeta sobre as coisas, que olha para luminárias, tornando visível o trivial. Essa é a estranha qualidade desse neto de senhor de engenho tão orgulhosamente pernambucano que, tendo o mundo oferecido, nunca arredou pé, realmente, da vizinhança de onde nasceu, casou, reproduziu e onde morrerá. Contente? Creio que sim. Ao menos, sei de pouca gente tão satisfeita consigo mesmo no que foi e no que é, como esse sociólogo universal do subúrbio de Apipucos, no Recife.

O MÉTODO

A teoria subjacente da obra de GF parece ser a da causação circular, formulada mais tarde pelos funcionalistas. A ideia básica aqui é a de que, como tudo pode chegar a ser, em dadas circunstâncias, a causa de qualquer coisa, não há na verdade nenhuma causa suficiente de nada. O extraordinário é que essa teoria mentecapta não fez mal a Gilberto. Apesar e até graças a ela sua etnologia, voltada sobre si mesma como uma cobra que come a própria cauda, nos deu as explanações mais exaustivas que se pode ler em qualquer literatura sobre o ambiente, os tipos humanos, o modo de vida íntimo, familiar e doméstico da gente de que se ocupou. De fato, *CG&S* é uma acumulação de observações minuciosas e de apreciações abrangentes, combinada com um método que se prestou admiravelmente ao propósito de dar uma visão de conjunto e um conhecimento interno de uma sociedade real, vivente, concreta e unívoca. Mas também contraditória como a vida mesma, em sua atividade febril de recriar-se a si própria com variações infinitas ao redor de uma mesma pauta. É verdade que, variando no incidental tanto quanto fosse necessário, a fim de nada mudar no substancial. Gilberto estuda essa pauta como um jovem apaixonado que olha e não vê o esqueleto da noiva. O próprio Gilberto o mostra e o esconde debaixo de banhas e peles, de panos e rendas, mostrando e escondendo, como noivo suspeitoso de que, debaixo da pele dela, exista mesmo uma caveira.

O principal modo de explicação causal de Gilberto Freyre é girar qual um peru entre referências a causas diversas para, de repente, investir sobre uma delas. Quando se espera que ele nela se fixe, o vemos abandoná-la para começar outra vez a circular. Por exemplo, querendo esclarecer os antecedentes do senhorio agrário do Brasil, Gilberto mergulha na história agrária de Portugal e demonstra, copiosamente, que os fundamentos de seus êxitos estão na contribuição do trabalho e da técnica dos sarracenos, e que o senhorio rural posterior só foi bem exercido pelos mosteiros. Isso é verdade. Visitando Portugal, não se pode deixar de ver a enormidade dos conventos e abadias, servidos por cozinhas descomunais, capazes de cevar centenas de monges gordos. O curioso é que Gilberto, depois de descobrir tudo isso, abandona o seu achado e desembesta, num passe de mágica, para falar da capacidade da ação colonizadora e civilizatória do latifundiário português, antecessor dos grandes proprietários brasileiros.

O assinalável, porém, é que — tal como sucede com o antiteoricismo a que nos referimos — a falta de qualquer sistema, no final das contas, foi salutar a Gilberto Freyre. Sendo o Brasil um país de paixões intelectuais desenfreadas — em que cada pensador se agarra cedo a um teórico da moda e a ele tanto se apega que converte em servidão a sua atividade criadora —, é bom ver alguém que rechace pais teóricos. O que a maioria dos cientistas e dos ensaístas brasileiros faz é, no máximo, ilustrar com exemplos locais a genialidade das teses de seus mestres. Não foi assim com Gilberto. De um lado, porque Boas não tinha teorias que devessem ser comprovadas ou ilustradas com material brasileiro. De outro lado, porque o que ele pedia a seu discípulo era que realizasse operações detalhadas de observação e de interpretação de realidades viventes para compor, depois, com material de lavra própria, *sua ética e sua estética da opereta*.

Embora Gilberto esteja sempre a dizer que não é seguidor de ninguém mas, ao contrário, um bandeirante abridor de novos caminhos, ele mesmo admite que é um retificador de antecessores e, portanto, que estes existem. O certo é que, ao invés do que ocorreu com as ciências sociais escolásticas introduzidas no Brasil por franceses e norte-americanos — que floresceram como transplantes, ignorando solenemente como um matinho à toa tudo quanto floresceu antes delas — Gilberto Freyre é herdeiro e conhecedor profundo de Joaquim Nabuco, de Sílvio Romero, de Euclides da Cunha, de Nina Rodrigues, cujas obras leu, todas, apreciou o que nelas permanece válido, utilizou amplissimamente e levou-as adiante.

Observe-se que não falo aqui de afinidades e consonâncias com teses enunciadas antes. Falo de algo mais relevante, que é o prosseguimento do esforço coletivo de ir construindo, geração após geração, cada qual como pode, o edifício do autoconhecimento nacional. Ninguém pode contribuir para ele, é óbvio, se não conhece a bibliografia antecedente. E isso é o que ocorre com a generalidade dos cientistas sociais. Desgraçadamente, para eles, aquela bibliografia é inútil. Inútil porque, na verdade, as contribuições deles são palpites dados a um outro discurso, composto no estrangeiro para lá ser lido e admirado. Por isso mesmo, para nós também, quase sempre as suas obras são inúteis ou, no máximo, irrelevantes.

Olhando em torno, depois de passada a moda funcionalista e quebrada a onda estruturalista, o que persiste de toda aquela gritaria é, principalmente, o Lévi-Strauss desse belo livro brasileiro que é *Tristes trópicos* e o nosso Florestan Fernandes de *A organização social dos tupinambás*, pelo que nos dá como reconstituição viva da vida dos índios que mais fortemente se imprimiram no fazimento de todos nós, brasileiros. Nada ficará, provavelmente, da copiosíssima bibliografia ilustrativa e exemplificativa, tão na moda por algum tempo. Hoje, tudo isso é mero papel impresso, compondo monumentos tumulares aos que fizeram, de sua vida intelectual, um exercício de ilustração reiterativa de teses alheias.

O mais admirável em Gilberto Freyre, tão anglófilo e tão achegado aos norte-americanos, é que ele não se tenha colonizado culturalmente. O risco foi enorme. Na verdade, dele não escapou quase ninguém dos muitos mil estrangeiros de talento, submetidos à lavagem de cérebro nas universidades norte-americanas no curso do século XX. Quantos deles produziram obras que mereçam ser lembradas e de que se diga, com fundada esperança, que serão provavelmente reeditadas no próximo milênio, como ocorrerá, com toda certeza, à *Casa-grande & senzala*?

Cabe uma palavra mais sobre o propalado método de Gilberto Freyre, de que ele próprio tanto fala: método não, mas sim a *pluralidade de métodos*, tão referida e tão louvada. Em *Casa-grande & senzala* simplesmente não há método nenhum. Quero dizer, nenhuma abordagem a que o autor tenha sido fiel. Nenhum método que o leitor possa extrair da obra, como um enfoque aplicável em qualquer parte. É tão impossível escrever outra *CG&S* como é impossível reproduzir Gilberto, que a fez com seus talentos e suas birras, mais obra sua que seu próprio filho.

Aliás, não seria justo esquecer, nesta altura, que nenhuma das obras clássicas das ciências sociais é explicável por suas virtudes metodológicas. Muito ao contrário. Tudo que se produziu com extremo rigor metódico, fazendo corresponder à cada afirmação a base empírica em que se assenta, e tudo quantificado e comprovado estatisticamente, resultou medíocre. O cientista, aparentemente, só necessita aprender métodos e estudar metodologia para esquecê-los depois. Esquecê-los tanto na operação de observação, como nessa misteriosa e inexplicável operação de indução das conclusões. Esquecê-los, sobretudo, na operação de construção artística da obra em que deverá comunicar aos seus leitores, tão persuasoriamente quanto possível, o que ele sabe.

Casa-grande & senzala e *Sobrados e mocambos* — que aliás compõem um livro só e deveriam sempre ser publicados juntos — exemplificam magnificamente a primeira categoria de obras. Refiro-me a essas contribuições assinaláveis à ciência, que se convertem em livros clássicos que todos devemos ler pelo sabor que eles nos dão de conhecimento novo e fresco. Já *Ordem e progresso* por exemplo não é assim. Corresponde melhor à segunda categoria. Aqui, talvez também, porque Gilberto pretendeu seguir um método. Com efeito, em *Ordem e progresso* ele tenta obedecer a um plano tão rigoroso quanto é possível a uma natureza indisciplinada e anárquica como a sua. O que resultou, porém, foi um livro de qualidade inferior que não se pode comparar aos dois primeiros.

OS PROTAGONISTAS

O cenário de *Casa-grande & senzala* é o litoral fértil da região nordestina. O Nordeste de Gilberto não é, pois, o de bode e paçoca, de securas e fomes, geralmente associado ao nome daquela região, mas o Nordeste do siri e do pirão, da cana e do massapé: *de árvores gordas, de sombras profundas, bois pachorrentos, de gente vagarosa e às vezes arredondada quase em sancho-panças pelo mel do engenho, pelo peixe cozido com pirão, pelo trabalho parado e sempre o mesmo, pela opilação, pela aguardente, pela garapa de cana, pelo feijão de coco, pelos germes, pela erisipela, pelo ócio, pelas doenças que fazem as pessoas inchar, pelo próprio mal de comer terra.* Diga-se de passagem que essa citação não é de *CG&S*, mas de *Nordeste*, onde Gilberto melhor retrata a sua região tão amada.

O tema de *Casa-grande & senzala* é o estudo integrado do complexo sociocultural que se construiu na zona florestal úmida do litoral nordestino do Brasil, com base na monocultura latifundiária de cana-de-açúcar, na força de trabalho escrava, quase exclusivamente negra; na religiosidade católica impregnada de crenças indígenas e de práticas africanas; no domínio patriarcal do senhor de engenho, recluído na casa-grande com sua esposa e seus filhos, mas polígamo, cruzando com as negras e as mestiças.

O objeto de estudo da *CG&S* é essa família "patriarcal" a que Gilberto devota toda a sua atenção. Mas, bem pouca ou nenhuma à outra família, resumida na mãe — gerando filhos emprenhados por diversos pais — não raro pelo próprio senhor — que os cria com zelo e carinho, sabendo embora que são bens alheios e que qualquer dia lhe serão tomados para o destino que o senhor lhes der. É verdade que a própria grandeza da família patriarcal do senhor de engenho era tanta que não deixava nenhum espaço social para outra família qualquer. Mas é uma pena que a miopia fidalga de Gilberto não lhe tenha permitido reconstituir essa matriz do Brasil, esta não família, esta antifamília matricêntrica de ontem e de hoje, que é a mãe pobre, preta ou branca, parideira, que gerou e criou o Brasil-massa.

Gilberto anuncia introdutoriamente o seu tema, dando uma imagem vigorosa do mundo "semifeudal" que irá estudar: *uma mino-*

GENTIDADES

ria de brancos e brancarrões, dominando patriarcais, polígamos, do alto das casas-grandes de pedra e cal, não só os escravos criados aos magotes nas senzalas, como os lavradores de partido, agregados, moradores de casas de taipa e de palha, vassalos das casas-grandes em todo o rigor da expressão. Ocorre que não eram vassalos, uma vez que produziam mercadorias. Nem a sociedade seria feudal, com tamanha escravaria. Mas que importam essas precisões quando ele nos dá uma visão senão mais realista, ao menos mais cativante que qualquer outra, precisamente porque expressionista e inspirada? Quanto valem nossas perquirições teóricas, tão sujeitas à moda, frente a uma composição que há de ficar para reconstituir, vivente, nosso passado ou ao menos o passado das classes patronais e patriciais do Brasil?

Gilberto nos dá um quadro vivo e colorido como não haverá outro em literatura alguma sobre o processo de formação de um país, o Brasil. Nele surgem, redivivos, os variados avós índios, negros, lusitanos e, por via desses, mouros, judeus e orientais que plasmaram o brasileiro com suas singularidades de gente mestiça de todas as raças e de quase todas as culturas, além de aquinhoada de bens trazidos de toda a Terra.

Falando dos primeiros varões portugueses, ingleses, franceses e alemães que viveram dispersos pela costa brasileira dos quinhentos, Gilberto Freyre os caracteriza como *povoadores à toa, afeiçoados à vida selvagem em meio de mulher fácil e à sombra de cajueiros e araçazeiros.* Assinala que a eles se deve a formação do primeiro núcleo híbrido que seria *o calço e o forro de carne, amortecendo para os colonos portugueses ainda virgens de experiências exóticas o choque vivente do contato com terras inteiramente diversas da europeia.*

Opondo-se aqui às teses antilusitanas, correntes então, que caracterizavam os magotes de portugueses que primeiro chegaram ao Brasil como uma corte de exilados, criminosos e viciosos, GF os pinta como *gente sã, degredada por ridicularias*, deixada na praia *como garanhões desbragados*, armados tanto de furores genésicos como de pendores eugênicos. Ao próprio Portugal de então, Gilberto caracteriza como província da África *com a influência negra fervendo sob a europeia e dando um ar de requeime à vida sexual, à alimentação, à religião. O ar da África, um ar quente, oleoso, amolecendo nas instituições e nas formas de cultura as durezas germânicas, corrompendo a rigidez moral e doutrinária da igreja medieval, tirando os ossos ao cristianismo, ao feudalismo, à arquitetura gótica, à disciplina canônica, ao direito visigótico, ao latim, ao próprio caráter do povo.* Contra todas essas molezas só o constante estado de guerra à mouraria *entesaria o caráter português* para a grande façanha camoniana.

Gilberto não se cansa de admirar o extraordinário prodígio de *ter um Portugal quase sem gente... conseguido salpicar virilmente do seu resto de sangue, e, de cultura, populações tão diversas e a tão grandes distâncias...* Prodígio tanto maior porque se tratava de *um sobejo de gente quase toda miúda, em grande parte plebeia, e além do mais moçárabe.* Tamanha seria a escassez de gente para tarefa tão grande, que Gilberto desenvolve uma tese bem gilbertiana para explicar como se atendeu às necessidades de gente para a tarefa imperial: *foi milagre...* Primeiro que tudo, o milagre de pôr a própria religião a serviço da procriação, tudo impregnando de sexo. Até a doçaria dos conventos seria constituída para isso de doces todos afrodisíacos, pecaminosos, lúbricos, fesceninos, pelo gosto e pelos nomes: *beijinhos, desmamado, levanta-velho, beijo de moça, casadinhos, mimos de amor.* O superlativo se alcançaria nos nomes freirais de muitos deles, *suspiros de freira, toucinho do céu, barriga de freira, manjar do céu, papo de anjo.*

A influência maometana sobre Portugal é porventura aquela que Gilberto reconstitui com mais simpatia e carinho. Dela nos viriam, por via dos lusitanos, a expressão *mourejar*, ainda que não o bom hábito de trabalhar duramente. Mas, também, e principalmente, o

GENTIDADES

ideal feminino da *moura encantada, a doçura no tratamento dos escravos (sic)*, o gosto pelo azeite e pelas boas azeitonas, as paredes azulejadas e com elas o amor do asseio, do lustro e da claridade. Nesse passo, Gilberto se entusiasma e começa a desvairar. Atribui aos mouros um misterioso *sentimento lírico* e um *pudor contido para os gozos carnais*, que teriam inculcado nos lusitanos e nos brasileiros. É de justiça assinalar, porém, que GF não deixa de registrar também, como contribuições fundamentais dos sarracenos à cultura brasileira, a cana-de-açúcar e o engenho, a nora d'água e o sistema de rego, entre muitas outras.

Do judeu, ao contrário, o retrato é caricaturesco e impiedoso. Assinala, primeiro, que a sanha antissemita dos lusitanos não seria racismo, mas simples intolerância em defesa da pureza da fé. Salienta, de resto, que isso seria muito explicável, uma vez que o judeu de Portugal tanto se mimetizou e assimilou, que acabou deslembrado de si, como *cristão novo*, oriundo de conversões velhas, de séculos. Carecia--se, por isso, descobrir, denunciar e desentocar esses desmemoriados semitas para evitar que recaíssem em judiarias. A odiosidade ao semita viria da ojeriza ao agiota frio, sugando o povo lusitano em proveito próprio, de reis ou de nobres. *Técnicos da usura, tais se tornaram os judeus em quase toda parte por um excesso de especialização quase biológica, que lhes aguçando o perfil de ave de rapina, a mímica em constantes gestos de aquisição e de posse, as mãos incapazes de semear e de criar. Capazes só de amealhar.*

Buscando identificar as influências sefarditas sobreviventes no caráter lusitano e no brasileiro, Gilberto encontra, como de hábito, muita novidade. Deles nos viriam, por um lado, o horror ao trabalho manual e, por outro, nosso pendor ao bacharelismo, associado ao nosso fraco por títulos doutorais e docentes, assim como por tudo que simbolize sabedoria letrada, como os anéis de grau e os óculos. Os judeus seriam, também, muito dados a ter escravos para

40

lhes fazer todo o trabalho; e concubinas, também escravas, para doces misteres.

A mais remota influência referida por Gilberto é a do Oriente longínquo, de onde os lusos trouxeram prendas diversas, algumas tão brasileiras hoje em dia como os coqueiros ditos da Bahia, as jaqueiras, os tamarindos e as mangueiras. De lá, também, nos vieram bizarrices muitas, como o gosto por joias de pedras falsas, por rojões e fogos de artifício; os leques cheirosos, as bengalas, os palanquins e coloridos chapéus de sol. Com eles nos chegaram os telhados docemente recurvos em sela, a louçaria china que ainda se vê azulando cacos por aí, e a planta e o nome do chá chamado inglês. As mesmas naus do Oriente — tão carregadas que *vinham arrastando-se pelo mar com vagares de mulher grávida* — nos trouxeram o gengibre e o sândalo, a pimenta, o anil e o benjoim.

O ÍNDIO E O JESUÍTA

A apreciação que se lê em *CG&S* do grau de desenvolvimento das culturas tribais brasileiras é nada menos que grosseira: *terra e homens estavam em estado bruto. Nem reis, nem sobas. Apenas morubixabas. Bugres. Gente quase nua e à toa, dormindo em rede ou pelo chão, alimentando-se de farinha de mandioca, de fruta do mato, de caça ou peixe comido cru ou depois de assado em borralho. A agricultura, umas ralas plantações de mandioca ou mindubi, de um ou outro fruto.* Adiante abunda nos mesmos argumentos, dizendo que o português encontrou aqui *uma das populações mais rasteiras do continente... uma cultura verde e incipiente; ainda na primeira dentição.* Tudo muito lindo, mas muito falso.

Para GF o índio é o silvícola nômade, *de cultura ainda não agrícola, apesar da lavoura de mandioca, cará, milho, jerimum, mamão, praticada pelas*

GENTIDADES

tribos menos atrasadas. Só nessa lista há fatos suficientes para falar-se de uma agricultura tropical, desenvolvida pelo indígena, que haveria retirado todas essas espécies do estado selvagem, convertendo-as em plantas domésticas; façanha só comparável à dos orientais que primeiro domesticaram o centeio e o trigo. Mas nosso autor, negreiro inveterado, não percebe isso e continua jogando com o contraste, como se fosse necessário rebaixar o protagonista indígena para ressaltar o negro.

Inegavelmente, o forte de Gilberto Freyre não é sua etnologia indígena. Por isso mesmo é compreensível que eminentes antropólogos não pudessem calar sua exasperação com as tiradas de Gilberto sobre os índios. Florestan Fernandes reproduz, irônico, as apreciações de Gilberto sobre a reação *contráctil, vegetal* do índio ao invasor, *retirando--se, amarfanhando-se*, e sobre as consequências letais da implantação do engenho resumidas, por ele, com a frase: *o açúcar mata o índio* — para assinalar o caráter superficial desses juízos e sua medíocre capacidade explicativa. Herbert Baldus cita, satírico, o passo em que Gilberto Freyre revela que *o europeu saltava em terra escorregando em índia nua, sôfregas mulheres ardentes que até os clérigos atolavam o pé em carne.*

A verdade meio melancólica, porém, é que, apesar dessas deficiências evidentes no varejo, no atacado, *CG&S* dá uma imagem melhor da herança indígena do que quanto se podia ler nos textos disponíveis de então. É certo que, mais tarde, a etnologia brasileira tanto floresceu que hoje seria possível traçar um quadro muito melhor. Está por aparecer, porém, alguém que se abalance a essa tarefa armado da capacidade de escritor e do conhecimento científico necessários para realizá-la com engenho e arte.

Continuam sendo valiosas as apreciações de Gilberto sobre o papel da mulher indígena como matriz genética e como transmissora de fundamentais elementos de cultura. Entre eles muitos alimentos e drogas, e tanta comida de índio adotada pelo brasileiro e de que GF nos dá notícia extensa, recheada de nomes atravessados, com cheiro de mato e agreste paladar. A herança mais preciosa, a seu juízo, teria sido a de seus ensinamentos para o cuidado da casa e dos filhos, o uso da rede e da tipoia e, sobretudo, os hábitos bons de asseio corporal e de banho diário no rio que tanto escandalizavam ao *europeu porcalhão*. GF reduz a contribuição cultural do homem indígena a um quase nada. Só valoriza, e valoriza como *formidável, a sua obra de devastação, de conquista dos sertões de que ele foi o guia, o canoeiro, o guerreiro, o caçador, o pescador.* Não serviria é para o *reme-reme tristonho* da lavoura de cana, *que só as reservas extraordinárias de alegria e de robustez animal do africano tolerariam bem.* Também não faz honra à sociologia de Gilberto sua explicação do papel menos saliente do índio na economia agrária.

Tratando da herança espiritual indígena, Gilberto Freyre se alonga, relacionando abusões sem conta. Recalca, porém, aqui e ali, um *animismo* e um *totemismo* genéricos muito ao gosto da antropologia de então, que ele generaliza fantasiosamente como sobrevivendo nos brasileiros, *todos ainda tão próximos da mata viva e virgem.*

Aparentemente, se trataria aqui de mais uma gala de estilo, de uma nova imagem solta, como tantas que Gilberto se permite. Mas não é assim. Logo adiante ele retoma o tema, seriíssimo, para asseverar que *ainda estamos à sombra do mato virgem como talvez nenhum povo moderno civilizado.* Desembesta, então, numa exorbitante ampliação da tese da selvageria atávica dos brasileiros, posta agora a serviço do seu reacionarismo. Ela seria o motor recôndito de um furor selvagem e sanguinário, de um gozo enfermiço de destruição que *se manifesta em assassinatos, saqueios, invasões de fazendas por cangaceiros.* E lá se vai GF, solto nas asas do seu reacionarismo, num crescendo que o leva a atribuir, à mesma selvageria congênita, os movimentos políticos e cívicos de raízes sociais mais profundas que convulsionaram vastas regiões do Brasil. Para Gilberto Freyre, eles seriam puras explosões de um furor atávico que desencadearia a violência popular quando livremente expresso. Segundo essa teoria estulta, as revoluções sociais brasileiras — ou as tentativas de desencadeá-las — não teriam sua origem na opressão e na desigualdade, mas em sobrevivências culturais aborígenes.

Voltando à oposição Negro X Índio que ocupa páginas de *CG&S*, encontramos, entre outras, esta joia: *deixemo-nos de lirismos... o índio não dava para escravo porque incapaz e molenga. O negro sim. Sobretudo se disciplinado na sua energia intermitente pelos rigores da escravidão.*

Gilberto entra, então, a debulhar causas e se atola ainda mais. Recusa acertadamente a suposta oposição da altivez indígena à passividade africana, como puro romantismo indigenista. Mas o faz apenas para cair em outro contraponto igualmente falso: o da oposição entre uma cultura nômade e uma cultura agrícola. Não é assim. Índios e negros eram agricultores, e os índios, como agricultores, contribuíram muito mais que os africanos em técnicas de lavoura e em plantas cultivadas para a adaptação do Brasil ao trópico. O papel do africano aqui foi muito mais de força energética que de agente cultural. O mais penoso é que toda essa confusão seria dispensável, uma vez que nos textos do próprio Gilberto se encontram explicações fundadas em fatores sociais e culturais muito mais convincentes que essas oposições simplórias, essas caracteriologias psicologísticas e essas exaltações ultramontanas. A única explicação aqui — até mais do que o reacionarismo — é a claudicação do estudioso frente ao literato, o qual, ao calor da inspiração, continua entretecendo suas páginas com todos os fios coloridos que pôde retramar e urdir, só atento ao bordado artístico que deles resulta.

Onde Gilberto Freyre nos dá um painel realmente expressivo, onde ele indaga com maior liberdade e isenção, onde ele renova corajosamente a visão brasileira, é no exame do papel desenraizador do jesuíta. É na análise acurada e vivaz de sua *obra de tirar da cultura indí-*

gena osso por osso para dissolver o pouco que havia de duro e de viril naquela cultura e capaz de resistir. Para isso, o jesuíta teria desenvolvido toda uma pedagogia fundada na utilização das crianças como agentes de mudança cultural. *O curumim, o padre ia arrancá-lo verde à vida selvagem: com dentes apenas de leite para morder a mão intrusa do civilizador.*

Não queriam a destruição do indígena, esclarece GF, mas necessitavam quebrar *na cultura moral do selvagem sua vértebra e na material tudo que pudesse resistir à catequese.* O que teriam conseguido por essa via seria fabricar *caboclos seráficos, homens artificiais,* que ajudariam *a fundar no Brasil uma República de índios domesticados para Jesus.* Isso, se os povoadores portugueses não tivessem outro destino mais viável para dar à indiada resgatada, escravizada e convertida *em peças, verdadeiras moedas de carne que por facilmente corromperem ou puírem no gasto, constituíam um capital incerto, instável.*

Exaustos, porém, do esforço de remar contra a correnteza da história, os jesuítas teriam acabado por assumir o papel menos glorioso de amansadores de índios. Assim é que foram os próprios inacianos, afinal, os agentes mais eficazes do engajamento da indiada. Descida por eles dos ermos onde viviam livres, mas inúteis, para o trabalho nas obras oficiais, para a escravização na mão dos colonos e, principalmente, para as próprias fazendas-missões da Companhia. Para GF, os padres *teriam se deixado escorregar para as delícias do escravatismo ao mesmo tempo que para os prazeres do comércio.* Contribuíram também concentrando os índios, para facilitar as epidemias que, somadas à escravidão, provocaram o despovoamento no Brasil de sua gente autóctone.

O principal saldo que teria ficado ao fim dessa história secular e terrível, conseguido através desse espantoso desperdício de gente, seria a fala brasileira, com seu português desossado de ss e rr. A língua de Camões, falada pelos índios e mestiços, infantilizara-se quase em *fala de menino.* Outra contribuição cultural vivente está na quantidade

GENTIDADES

de nomes indígenas — de coisas, de gentes e de bichos — que aprendemos dos curumins. Páginas e páginas de descrição bizarra delas, as que GF nos dá em *CG&S*. É verdade que tão deliciosas de ler literariamente quanto irritantes para os que lutam por dar ordem e precisão à linguagem científica. Maior ainda, suponho, será o desespero do leitor estrangeiro — e sobretudo dos tradutores — diante desta riqueza de indianidade que Gilberto coleciona e exibe como borboletas empalhadas: *curumi, urupuca, cuia, cabaço, pipoca, teteia, foigo, mundeo, jequiá, tingui*. Não seria difícil encher uma página inteira delas.

O BRASILEIRO SENHORIAL

A história de vida típica do brasileiro senhorial nos é reconstituída por Gilberto Freyre em detalhe e com exuberância. Começa pelo parto, descrito como iminente risco de render uma bela morte de anjinho para ser enterrado em alegres caixões azuis, se menino, rosados, se menina. Vingado, deixa cedo de mamar na mãe branca, agarrando-se logo às tetas da mãe preta. Cresce e engatinha debaixo dos olhos e dos cuidados da ama, que lhe dá do mundo a versão mais dócil, como um universo gentil, comandável a berros. Começa aí a abrasileirar-se. GF evoca o processo, cheio de saudades: *afagos de mucama... de uma bondade porventura maior que a dos brancos... de uma ternura que não conhecem igual os europeus. Dela é que nos viria este misticismo quente, voluptuoso de que se tem enriquecido a sensibilidade, a imaginação, a religiosidade dos brasileiros.*

Quando ganha pernas para andar, o nhonhô de engenho se torna um capeta a furar olhos de bicho e de gente, a fazer quanta estrepolia entende, debaixo do estímulo do pai sorridente, satisfeito de ter um filho que começa cedo a revelar qualidades agressivas.

Uma vez taludinho, impelido pelo clima e pelo ambiente escravista, antes de iniciado por alguma preta treiteira, o rapazinho brasileiro se entregava com todo o empenho e denodo a uma série de inocentes práticas sexuais sadistas e bestiais. As primeiras de suas *vítimas eram os moleques de brinquedo e os animais domésticos; mais tarde é que vinha o grande atoleiro de carne; a negra ou a mulata.* Antes disso gozava antecipações, roçando-se em buracos feitos em troncos de bananeiras, de melancia ou até mesmo no fruto espinhoso do mandacaru *com o seu visgo e adstringência quase de carne.* O pai, mais uma vez, a tudo assistia contente. Via no filho, reiteradas, as suas façanhas juvenis, saudoso e orgulhoso delas. Apenas provavam que ele não seria um maricas, graças a Deus, mas um macho femeeiro, deflorador de mocinhas, como convinha. Não estaria ausente também um certo cálculo contábil, sugere GF: emprenhando negras, aumentava o rebanho paterno. Muitos quiseram culpar a escrava de corruptora, pela facilidade com que *abria as pernas ao primeiro desejo do senhor moço. Desejo não, ordem. Conversa fiada!,* comenta Gilberto, a negra seria até meio fria.

Aos dez anos o senhorito é metido à força no papel de homenzinho, *vestido e penteado como gente grande, o colarinho duro, calça comprida, roupa preta, botina preta, o andar grave, os gestos sisudos, um ar tristonho de quem acompanha enterro.* Chegava então o tempo dos estudos. Primeiro no próprio engenho, aos cuidados do padre ou de um *professor primário, pecuniário (sic).* Depois, em colégio de cidade para melhor aprender a ler, escrever e contar, declinar latim e recitar francês. Imagine-se, diz Gilberto, cheio de pena, que saudades o pobrezinho teria *do engenho, de toda uma vida de vadiação — o banho de rio, a arapuca de apanhar passarinho, briga de galo, jogo de trunfo na casa de purgar com os negros e os moleques, chamego com as primas e as negrinhas.*

O contraste seria ainda mais grave porquanto no colégio o que o esperava com frequência era o abuso dos cocres e da palmatória. Não é de estranhar, conclui o autor, que muito menino desacoroçoado se consolasse no onanismo e na pederastia.

Ao contrário do rapaz, adestrado para garanhão, a menina-moça era modelada para ser sempre fiel à *castidade, vergonha, recolhimento, pejo, sisudeza e modéstia,* como correspondia à sua condição de classe. Mas com tanto empenho e zelo, e debaixo de tanta vigilância, que é como se se tivesse certeza de que, vendo-se entregue a si mesma, fora da camarinha vigiada, caísse logo na gandaia.

Crescia rapidamente debaixo de rígidos controles só compensados pelos carinhos da mucama que a penteava, a lavava, catava seus piolhos, lhe fazia cafunés, contava histórias, cantava e sofria, calada, todas as agressões sádicas da senhorazinha impossível. Nela se preparava, à custa de orações e de beliscões, a mulherzinha que cedo sairia de casa. Menina ainda, florescia já recendendo a mulher apta para o matrimônio e o amor. Casava entre os 12 e os 13 anos. O primeiro parto vinha lá pelos 14.

O rapaz amadurecia mais lentamente para os papéis sociais do senhorio familiar. Só aos 26 anos seria homem-feito, de hombridade marcada orgulhosamente pelas cicatrizes venéreas. Casava-se logo depois — com alguma prima — entrando, assim, na terceira estação da vida em que retomava, de certo modo, os gozos da infância. O que o esperava daí em diante era uma vida morna, lânguida, morosa, banzeira e sensual, nos diz Gilberto. Para esses gozos se cercava de numerosa criadagem doméstica que constituía literalmente os pés dos senhores: *andando por eles, carregando-os em rede ou de palanquim. E as mãos — ou pelo menos as mãos direitas — as dos senhores se vestirem, se calçarem, se abotoarem, se limparem, se catarem, se lavarem, tirarem os bichos de pé.* O fruto de tanta preguiça na vida diária do senhor branco era fazer do seu corpo quase exclusivamente *o membrum virile: mãos de mulher, pés de menino, só o sexo arrogantemente viril.*

A maior parte da vida o senhor de engenho a passava na rede. *Rede parada com o senhor descansando, dormindo, cochilando. Rede andando, com o senhor em viagem ou a passeio debaixo de tapetes ou cortinas. Rede rangendo, com o senhor copulando dentro dela. Depois do almoço ou do jantar era na rede que eles faziam longamente o quilo — palitando os dentes, fumando charuto, cuspindo no chão, arrotando alto, peidando, deixando-se abanar, agradar e catar piolhos pelas molequinhas, coçando os pés ou a genitália; uns coçando-se por vício, outros por doença venérea ou de pele.*

Ao aproximar-se a morte, preocupavam-se em lavar a alma em confissões, mas sobretudo em perpetuar a prosperidade dos filhos legítimos. Alguns também se preocupavam em alforriar e aquinhoar a todos ou alguns dos seus bastardos paridos dentro de casa pelas negras e mulatas. O corpo morto, uma vez tratado com o *vaidoso aparato de toalete dos defuntos* era velado *à noite com grandes gastos de cera, com muita cantoria dos padres em latim, muito choros das senhoras e dos negros,* para ser sepultado no outro dia debaixo das tábuas da capela, que eram uma dependência da casa-grande.

Discorrendo — aqui também sábia e inovadoramente — sobre as condições alimentares e de saúde do Brasil colonial, Gilberto Freyre se exaspera: *país de Cocagne, coisa nenhuma. Terra de alimentação incerta e vida difícil é o que foi o Brasil nos primeiros séculos.* Adiante, detalha: *fartura só de doces, geleias e pastéis fabricados pelas freiras dos conventos: era com que se arredondava a gordura dos frades e das sinhás-moças,* conclui judiciosamente que, *debaixo de tanta fome e doenças os brasileiros seriam uma inútil população de caboclos e brancarrões, mais valiosa como material clínico do que como força econômica.*

Aí vem então outra tirada gilbertiana sobre a negraria. Esta não! Ela seria tratada racionalmente com *arremedos de taylorismo,* comeria fartamente: *feijão, abóbora, charque, bacalhau, toucinho, melado.* E conclui, *só depois do descalabro da Abolição (sic) os negros se veriam de-*

vastados pelas endemias e verminoses que apodreciam em vida aos outros brasileiros. Insciente, GF prossegue para nos dizer que, após a Abolição, persiste o latifúndio monocultor, *criando um proletariado de condições menos favoráveis de vida do que a massa escrava*. Para Gilberto, uma vez forros, os negros começariam a morrer de saudade do *patriarcalismo que até então amparou os escravos, alimentou-os com certa largueza, socorreu-os na velhice e na doença, proporcionando-lhes e aos filhos oportunidades de ascenso social.*

A NEGRARIA

Ao longo de toda a extensão respeitável de *CG&S*, o leitor vê, edificado, exibir-se o vezo de Gilberto Freyre. É uma espécie de bloqueio sentimental, quiçá alguma fixação de quem terá metido tão dentro de si a imagem da ama-mucama, gorda, luzidia e boa, que não tem olhos para ver o negro do eito, queimado aos milhões como um carvão humano, primeiro nas fornalhas do engenho e nas plantações de cana, depois nas minas e nos cafezais. Tanto era assim que a vida média de um negro de eito não passava de cinco a sete anos, conforme a região e a intensidade da produção em cada período. E isso bastava para que rendesse muito dinheiro. Tanto era assim que se necessitava importar cada ano uma percentagem crescente da massa escrava (2,5 a 5%) e um número cada vez mais avultado de negros africanos só para manter o estoque, reduzido constantemente pela enorme mortalidade. Também se vê que era assim — ou só Gilberto não vê — por todos os testemunhos vários sobre o mau negócio que era montar criatórios de negros escravos, que tantos senhores tentaram. Os depoimentos mais conhecidos demonstram que não valia a pena criar porque os crioulos saíam mais caros pelo que comiam enquanto cresciam do que o africano comprado já feito e pronto para o desgaste rendoso, embora chegasse bruto e boçal. Para nada disso GF está atento, enfeitiçado pela famulagem doméstica, ele não olha nem vê o negro massa, o negro multidão.

Contrasta com esse vezo de neto fiel e saudoso do avô escravocrata, o traço mais simpático e característico de GF que é o verdadeiro gozo com que ele assinala, contente e orgulhoso, a marca da influência negra que o Brasil carrega: *na mímica excessiva, no catolicismo em que se deliciam nossos sentidos, na música, no andar, na fala, no canto de ninar menino pequeno, em tudo que é expressão sincera de vida.*

Com efeito, o que mais provocou sensação e surpresa aos primeiros leitores de *CG&S* foi o negrismo de GF. Ele vinha dizer — ainda que em linguagem meio desbocada, mas com todos os ares de cientista viajado e armado de erudições múltiplas — que o negro — no plano cultural e de influência na formação social do Brasil — fora não só superior ao indígena (coisa já dita, ainda que muito contestada), mas até mesmo ao português, em vários aspectos da cultura material e moral, principalmente da técnica e da artística.

Além da sobranceria cultural, o negro teria vantagens físicas conjuntas sobre os brancos e sobre os índios. Por exemplo, *manando óleo pelo corpo inteiro e não apenas escorrendo uns pingos pelos sovacos*, ele estaria armado de uma vantagem fundamental para a vida nos trópicos. Sobre os índios teria ainda a superioridade de acumular a essas vantagens a de um *espírito alegre, vivo, loquaz, e em consequência plástico, adaptável, em contraste com o caráter introvertido, tristonho, duro, hirto, inadaptável* do silvícola brasileiro: *soberbo como uma grande Espanha.*

Onde predomina uma ou outra matriz, varia segundo Gilberto, o caráter nacional brasileiro, que salta da *sociabilidade alegre, expansiva do baiano* — porque mulato — *ao ar tristonho, caladão, sonso, do piauiense, do pernambucano* e de outros descendentes da indiada.

GENTIDADES

A leviandade da contraposição Índio x Negro reiterada nestes termos nos faz suspeitar de que Gilberto não frequentou tantos xangôs como propala. Sabidamente nunca viu índio que não fosse Fulniô de Águas Belas. Só assim poderia imaginar e descrever, com tanta infidelidade quanto segurança, os negros e os índios tal como os descreve, só fiel ao estereótipo vulgar de um e de outro.

Uma da melhores contribuições de Gilberto encontra-se, provavelmente, na análise crítica das chamadas influências deletérias que o negro teria exercido sobre os brasileiros. Gilberto começa por separar cuidadosamente o que deve ser atribuído ao negro, enquanto escravo, do que lhe pode ser debitado, enquanto ente racial e cultural africano. Afirma, de saída, que *não há escravidão sem depravação* para asseverar que a esta é que se deve relacionar o erotismo, a luxúria, a depravação, de que tantos autores acusavam o negro; cegos para o fato de que tais "vícios", se existiam, deviam ser atribuídos ao senhor que os favorecia, tanto para os seus gozos como para fazer render mais o seu rebanho.

Muito bem até aqui. Mas lá vai Gilberto, outra vez, escapando de si mesmo para exagerar e nos dizer que nos primitivos seria muito mais moderado o apetite sexual, *tanto que os negros, para se excitarem necessitam estímulos picantes, danças afrodisíacas, cultos fálicos, orgias. Enquanto no civilizado nada disso seria necessário.* Até os órgãos genitais dos negros seriam subdesenvolvidos para nosso autor. Das negras ele nos diz que são *antes frias do que fogosas*, segundo prestigiosa autoridade britânica. O senhor é que, afogueado e tarado pelas negras, principalmente pelas molecas, teria introduzido a libidinagem na senzala.

Também a sífilis — às vezes se quer acusar o negro de a haver introduzido no Brasil — Gilberto mostra que é glória da civilização. O senhor é que contagiaria a negra, às vezes ainda cabaçuda, por puro gozo ou como recomendadíssimo depurativo do sangue. Sifilizada,

52

porém, a negra passaria a contaminar a deus e ao mundo. *A sífilis, diz Gilberto, fez o que quis no Brasil patriarcal. No ambiente voluptuoso das casas-grandes, cheias de crias, negrinhas, molecas, mucamas, é que as doenças venéreas se propagaram mais à vontade através da prostituição doméstica — sempre menos higiênica que a dos bordéis.*

Logo adiante, eis que Gilberto nos foge outra vez. Agora para dizer, sempre com provas à mão, que os nenês de peito, ao mamar, contaminavam os peitos das aias-mucamas. Para o que não se encontra algum testemunho bíblico ou alguma prova escrita neste mundo?

A sodomia, muito generalizada no Brasil colonial, segundo Gilberto, não seria africana, mas portuguesa, de boa ancestralidade romana. Sodomitas teriam sido desde os fundadores de eminentes famílias — como os Cavalcantis e cabos de guerra como *Albuquerque, o Terrível* — até os órfãos recolhidos nos colégios jesuítas. Não se diga agora, outra vez, que Gilberto exorbitou. Nada disso. Bem pode ser verdade. Mas não há como deixar de espantar-se o leitor de se ver convencido de que os próprios feitiços de amor e outros, o negro teria aprendido dos brancos. Dominando o negócio dos bruxedos é que eles o teriam colorido e africanizado pela substituição de mandrágoras por sapos, nas mandingas. Destas, Gilberto detalha muita receita nojenta.

Ao negro também ele credita, nos últimos capítulos, o que fora atribuído, nos primeiros, ao índio: *a fala gorda, descansada, amaciada, sem rr nem ss.* A ama negra, ensinando a criança a falar, fez com a palavra o que fazia com a comida; *tirou-lhe as espinhas, os ossos, as durezas, só deixando para a boca do menino branco as sílabas moles.* Assim é que o português dos brasileiros incorporou desde corruptelas como *cacá, pipi, bumbum, cocô,* até puras expressões africanas que usamos como totalmente nossas: *dengue, cafuné, bunda, caçula, banzo, quindim, catinga, cachimbo* e muitas e muitas mais.

Para Gilberto Freyre duas outras contribuições do negro — além, digo eu, das maiores que deu como edificador de quanto se fez e

GENTIDADES

produtor de quanto se produziu, nos setores mais dinâmicos da economia colonial — foram: primeiro, proteger com a sexualidade desbragada das molecas a virtude das meninas brancas; segundo, ensinar o brasileiro a explorar todas as possibilidades das papilas da língua, bem como os nervos do faro, com a sua magia culinária. Ao preto se deve a introdução ou o uso sábio do azeite de dendê, da pimenta-malagueta, do quiabo, do caruru, da taioba, entre muitos outros espécimens. Foi ele, também, o nosso mestre no preparo de *farofas, vatapás, acarás, acarajés, manuês, mucunzás, efós, xinxins de galinha, feijoadas, mocotós, abarás, arroz de coco, feijão de coco, angus, pão de ló de arroz, rebuçados, aloás.* Grande seria a lista se quiséssemos repetir tudo quanto Gilberto refere e degusta em letra de forma.

A notícia que Gilberto nos dá do ciclo de vida do negro é, naturalmente, muito menos informativa do que sobre a vida e a carreira típica do branco senhor de engenho, que sumariamos atrás. Apenas nos diz que muitíssimos morreriam no parto. Muitíssimos outros nos primeiros anos de infância. Depois — quem sabe? — talvez sobrevivessem alguns, uma vez que o senhor, atento no que poderia ganhar, tratava de alimentar as crias das negras, com olhos no seu futuro valor venal. A existência social de todo negro, tanto o nascido na terra como o vindo da África, começava com o batismo, que Gilberto caracteriza como *a primeira fervura que sofria a massa de negros antes de integrar-se na civilização oficialmente cristã.* A partir do rito, o *negro-novo,* posto no eito junto dos *ladinos,* ia aprendendo a trabalhar na mesma medida em que se desafricanizava e se abrasileirava.

Muito cedo o negro comum começaria o trabalho no eito, só tendo a possibilidade de fazer carreira se apresentasse qualidades raras de doçura ou de graça que sugerissem que ele serviria melhor como moleque de pancadas do nhonhô ou como futura mucama de nhanhã. Outra carreira se abria às molecas mais sestrosas quando escravas de senhoras das cidades! Essas seriam lavadas, penteadas, perfumadas, enfeitadas com brincos e fios de ouro, para se dedicarem à putaria como negras de ganho. Elas é que encheriam as casas de prostituição antes que a riqueza permitisse importar putas francesas e polacas. Melhor ainda seria a carreira da caseira ou concubina de senhor rico ou de padre femeeiro. Essas viveriam cobertas de panos da costa, de xales de seda, de balangandãs e teteias, aduladas por sua influência, queridas como amantes luxuriosas e, sobretudo, temidas como mandingueiras.

A verdadeira glória, porém, nos diz Gilberto, só alcançava a preta tirada do eito — e assim quase alforriada da condição real de escrava-massa — para ser adorno e como tal servir de mucama do senhor e da senhora. É justo dizer que a figura da mucama preside *CG&S*. Saindo da senzala por suas feições mais doces e mais finas, por sua estampa mais agradável, ela teria como ofício atender, daí em diante, ao serviço pessoal dos senhores, entrando, assim, na intimidade da família patriarcal. Por seu intermédio, vinham depois os negrinhos, irmãos de leite ou de criação, e com eles muitas crias, malungos e moleques de estimação que enchiam a casa-grande. Todos eles, porém, ali estavam de passagem, podendo ser vendidos ou retornar às durezas do eito. Não as mucamas. Jamais. A elas cabia *um lugar verdadeiramente de honra que ficavam ocupando no seio das famílias patriarcais. Alforriadas, arredondavam-se, quase sempre em pretalhonas enormes. Negras a quem se faziam todas as vontades: os meninos tomavam-lhe a bênção, os escravos tratavam-nas de senhoras. Os boleeiros andavam com elas de carro. Em dia de festa, quem as visse anchas e enganjentas entre os brancos da casa, havia de supô-las senhoras bem-nascidas: nunca escravas vindas da senzala.*

As netas contemporâneas dessas senhoras-mucamas seriam as numerosas negras *baianas*, vendedoras de doces nas ruas das gran-

GENTIDADES

des cidades brasileiras. *Seu porte é de rainhas,* exclama Gilberto. *Umas rainhas de luxo e garbo, esbelteza heráldica, graça de talhe e ritmo no andar. Por cima das muitas saias de baixo, de linho alvo, a saia nobre, adamascada, de cores vivas. Os peitos gordos, em pé, parecendo querer pular das rendas do cabeção. Teteias, figas, pulseiras, rodilha ou turbante muçulmano. Chinelinho na ponta do pé. Estrelas marinhas de prata. Braceletes de ouro. Umas rainhas.*

Buscando com muito zelo, ao longo das centenas de páginas de *CG&S*, o leitor colherá aqui e ali alguma referência ao negro multitudinário, comum, ordinário: *ao negro que com as vergonhas cobertas por uma tanga* foi o principal contingente trabalhador do Brasil. Muito poucas, na verdade. Pouquíssimas são suas anotações sobre esse negro-massa, trabalhador do eito. A notícia mais longa que Gilberto nos dá, e ainda assim parca, é da sua morte. Apenas conta que os negros ladinos, bons de serviço, que morriam no engenho, eram enrolados em esteiras e sepultados no cemitério dos escravos. Os novos, sobretudo na cidade, eram enterrados mal e mal na areia da praia onde os cachorros e urubus os desenterravam sem trabalho *para roer e pinicar.* Isso quando não eram simplesmente *atados a um pau e atirados à maré.* Eis tudo.

Gilberto, porém, não nos desampara totalmente. Encontra, afortunadamente, na última página de *CG&S*, suficiente espaço para nos dizer, com todas as palavras, que *não foi toda de alegria a vida dos negros escravos dos nhonhôs e das nhanhãs brancas. Houve os que se suicidaram comendo terra, enforcando-se, envenenando-se com ervas e potages dos mandingueiros. O banzo deu cabo de muitos. O banzo — a saudade da África. Houve os que de tão banzeiros ficaram lesos, idiotas. Não morreram: mas ficaram penando. E sem achar gosto na vida normal — entregando-se a excessos, abusando da aguardente, da maconha, masturbando-se.*

56

BIOCRONOLOGIA

1900
- Gilberto Freyre nasce no Recife, filho de Alfredo Freyre e Francisca de Mello Freyre, descendentes de duas famílias de *senhores do engenho*.

1906
- *Foge de casa* uma tarde, mas volta com saudades do pai, da mãe e dos irmãos, da própria casa e do gato.

1907
- Inicia seus *estudos primários* com o pai e com professores particulares, principalmente um *inglês* e uma *francesa* que o vão familiarizando com essas línguas.

1915
- Primeiros exercícios sexuais, comentados em seu diário: "Sensação de ato incompleto, mas, mesmo assim, definitivo em minha vida. Ato criador de outro eu dentro do meu eu. Já não sou o mesmo. Já não posso abraçar e beijar minha mãe como a abraçava e beijava. Nem a minhas irmãs. Sou outro. Curioso que a mulatinha tenha gemido como se eu a estivesse ferindo. E assim era: a ela e a mim."

1916
- Lê o *Pilgrim's Progress* de Bunyan ("uma espécie de aventuras de Dom Quixote"... "as de uma alma presa às coisas do mundo e esquecidas de Deus"); Eça de Queirós e Renan e, sobretudo, Tolstói: "O cristianismo que compreendo é o de Cristo interpretado para o homem mo-

derno por Tolstói... Cristianismo fraternal, ligando os homens acima de classes e de raças; e fazendo com que a gente mais instruída vá ao povo e lhe leve a sua luz."

1917

• Completa o curso secundário no *Colégio Americano Gilreath*, cuja orientação protestante o influencia. Declara-se protestante, de denominação batista, pensando ser missionário para atender seus ideais, "metade religiosos, metade socialistas".

1918

• Viaja para os Estados Unidos e passa alguns dias em *Nova York,* ficando impressionado com o caráter burguês e acomodado do protestantismo americano: "Creio que preciso de esquecer-me de quase todo o meu Tolstói e de reler com novos olhos o velho Spencer para me entusiasmar com esta civilização ultraburguesa".
• Segue um curso sobre literatura ensaística inglesa, e expressa orgulho pelo acervo de suas duas línguas maternas (o português e o espanhol), especialmente por seus valores místicos: "Tenho pena dos 'cientificistas' ou dos 'modernistas', para quem isto de literatura mística é arcaísmo, indigno de um 'moderno' de 'formação científica'".

1919

• Estudos na Universidade de *Baylor,* Waco, Texas, que embora provinciana, proporciona um ensino de nível superior ao das brasileiras.
• Visitando os arredores de Waco, impressiona-se vivamente com a condição do bairro negro "mais horroroso do que previa... uma vergonha para esta civilização filistina..."
• Viajando pelo *Sul,* se horroriza ao "sentir um cheiro intenso de carne queimada e ser informado com relativa simplicidade: — É um negro que os *boys* acabam de queimar".

- Estuda anglo-saxão porque a universidade suspendeu as aulas de *alemão*, mas continua com aulas particulares desta língua: "O que me interessa é estudar, adquirir saber, aperfeiçoar conhecimentos de acordo com as minhas tendências".

1920

- Começa seus estudos graduados de Ciências Políticas como estudante bolsista na Universidade de Columbia. Frequenta, a seguir, cursos de Economia Política (*Seligman*), Antropologia (*Franz Boas*), Sociologia (*Giddings*), Ciências Políticas (*Munro*), História Social (*Hayes*), Filosofia (*Dewey*), Direito (Basset-Moore). É contemporâneo de Ruth Benedict, M. Herskovits e Margareth Mead.
- Consigna em seu diário o conhecimento de grandes figuras literárias: os poetas Edwin Markham e Harriet Monro — a diretora de *Poetry* —, ouve conferências de William Butler Yeats, Amy Lowell e Vachel Lindsay. Este último elogia o artigo que Freyre lhe consagra. Lê intensamente literatura inglesa e norte-americana. Sua grande descoberta é Santayana.

1921

- Viagem de férias a Washington, a Boston e ao Canadá.
- Amizade e convivência com Oliveira Lima em Nova York: "tenho a impressão de estudar de perto um caráter e de, através desse caráter, ver um mundo que já não é o atual... de um Brasil, até de uns Estados Unidos que já não existem".
- Entrevistas com Vachel Lindsay, Hélio Lobo, Isaac Goldberg e Federico de Onís, a quem expõe sua concepção hispânica da cultura portuguesa e brasileira como parte de um vasto conjunto, juntamente com o espanhol.
- Considera a Universidade de Columbia superior a todas as outras universidades americanas pela "complexidade que lhe confere sua condição de centro cosmopolita".

GENTIDADES

1922

- Oprimido pelo peso imperial da *cultura inglesa*, e sentindo-se diminuído por vir de um mundinho sem importância, Gilberto Freyre identifica-se, compensatoriamente, com o mundo hispânico, buscando nas grandezas da Espanha valores de que pudesse orgulhar-se.
- Escreve artigos para o *Diário de Pernambuco* e para a *Revista do Brasil*, editada em São Paulo por Monteiro Lobato, nos quais já assume uma atitude crítica frente ao protestantismo.
- Recebe o título de *Master* pela Universidade de Columbia com uma tese sobre a *Social life in the Middle of the 19th Century*, que é publicada, ainda em 1922, pela *Hispanic American Historical Review*.
- Percorre a Europa em viagem de estudos. Em Paris, ouve Maurras e frequenta um grupo de admiradores de Sorel. Conhece ali, também, alguns artistas modernos brasileiros, entre eles, Tarsila e Brecheret.
- Visita a Alemanha, onde faz turismo em Nuremberg, Munique e Berlim.
- Visita Londres e vive algum tempo em Oxford, ouvindo conferências, tomando vinho do Porto, e exercendo-se em posturas de jovem fidalgo.

1923

- Viaja a Lisboa, onde visita João Lúcio de Azevedo e o Conde de Sabugosa, que se encanta com Gilberto.
- Regressa ao Recife, depois de cinco anos de ausência. Contempla o Brasil com outros olhos: "Os de adulto. Adulto que viajou pelos Estados Unidos e Europa. Adulto, como se diz em inglês, sofisticado". Com esses novos olhos conquista o necessário *distanciamento* para ver os brasileiros, combinando-os com uma identificação profunda que possibilita a compreensão.

60

- Convivência familiar em casa e nos *engenhos* dos parentes. Conversas com intelectuais de Recife. Leitura de livros publicados em sua ausência. Reavaliação crítica da produção intelectual do Brasil, com rechaço da retórica de Rui Barbosa e acercamento aos gênios literários de Euclides da Cunha e de Augusto dos Anjos.
- Começa a amizade com José Lins do Rego, Olívio Montenegro e Cícero Dias. Juntos, dedicam uma atenção desconfiada ao Movimento Modernista de São Paulo, cujos "exageros" rejeitam.

1924
- Lê muita *literatura* europeia (sobretudo Proust e W. Pater) e enfrenta dificuldades de readaptação ao meio.
- *Field-work* de bicicleta inglesa pelos mocambos do Recife e pelos velhos engenhos suburbanos. Visita os engenhos antigos de Pernambuco, Alagoas e Paraíba.
- Adapta-se à vida patriarcal do seu *recanto tropical do mundo*. Vida boêmia discreta: fuma *maconha* com canoeiros alagoanos; comedorias plebeias em restaurantes populares do porto; uma amante negríssima, mestra em *banhos e mimos*.
- Revela a José Lins do Rego o seu segredo: "O livro que em meus raros momentos de ânimo desejo escrever: um livro sobre a minha própria *infância* e sobre o que foram no Brasil, durante quase quatro séculos, as infâncias dos diversos tipos regionais de brasileiros".

1925
- Trabalha no *Diário de Pernambuco* em um livro comemorativo do centenário do periódico, que ao aparecer o decepciona.
- José Lins do Rego escreve "um livro de duzentas páginas sobre o pensamento e as ideias de Gilberto Freyre", que não chega a ser publicado.
- Lê intensamente os místicos espanhóis e os ensaístas modernos da Espanha *(Ganivet, Unamuno e Ortega y Gasset)*.

GENTIDADES

1926

- Organiza o *Congresso Regionalista* que se reúne no Recife e redige o seu Manifesto, no qual se opõe ao "modernismo" dos paulistas que poriam em perigo as tradições autóctones.
- Assume o cargo de chefe de gabinete de governador de Pernambuco, *Estácio Coimbra*, que exercerá até 1930. Com ele, faz a primeira viagem ao Rio de Janeiro. Começa então sua amizade com Manuel Bandeira, assim como com Rodrigo de Melo Franco, Prudente de Morais, Sérgio Buarque de Holanda etc.
- Conhece também a cidade de *São Paulo*, que lhe parece *feia e forte*. Gosta mais da aristocracia paulista (Paulo Prado, Taunay) que dos seus intelectuais modernistas.
- Vai a Washington para o *Congresso Pan-Americano da Imprensa*, onde pronuncia o discurso de abertura. Aproveita sua estada para levar adiante, com os livros e papéis da coleção brasiliana de Oliveira Lima, o seu projeto: "uma espécie de autobiografia ou memórias de um indivíduo, estendidas em histórias ou em memórias de todas as crianças do Brasil".

1927

- No Recife, sua situação econômica melhora, o que lhe permite comprar muitos livros e levar uma vida boêmia e grata.
- Frequenta macumba, onde faz amizade com a *catimbozeira* Josefina Boa-Fé, e com o *babalorixá* Pai-Adão, iniciado na África.
- No governo, entra em contato com um mundo de gente pobre ou empobrecida: "Estácio, às vezes, me diz: Teu socialismo não deixa de ter razão."

1928

- Acompanha, com certo distanciamento crítico, a reforma educacional que Carneiro Leão leva a cabo em Pernambuco. Ante a perspectiva de ser designado para uma cátedra de *Sociologia,* escreve em seu *diário:* "Se pudesse chegar a ser alguém, não é sociólogo, nem antropólogo, nem historiador o que desejo ser, apesar do que não repudio a formação científica que em mim se deu junto aos estudos humanísticos. É obra de escritor que se sirva de sua formação em parte científica, em parte humanística, para ser escritor."

- Lê as obras de *Thomas,* que considera "o melhor, depois de Weber, é claro, entre os sociólogos modernos". Interessa-se especialmente por seu método de utilização de fontes diretas como cartas, anúncios etc., combinando a Sociologia com a Antropologia.

1929

- Instalado na vida recifense, une às funções de secretário do governador as de diretor do principal jornal diário (*A Província*) e de professor de Sociologia (*Escola Normal de Pernambuco*). Apesar disso, crê que está resistindo ao cerco dos que querem que ele se dedique à política. Exerce influência intelectual sobre Cícero Dias, José Lins do Rego, Humberto Carneiro etc.
- Anota em seu diário: "Sou um endogâmico — que ótima palavra sociológica! — e me sinto quase sempre atraído por mulheres, quando brancas, que se pareçam com minha mãe, primas, irmãs; *exógamo* eu sou na minha atração, que é grande, por mulheres de cor", concluindo que esse impulso se estende "a Pernambuco, e de Pernambuco ao Brasil".

1930

- Lia Rilke quando estala *a Revolução de 1930,* com o assassinato de João Pessoa, governador da Paraíba. Estácio Coimbra, acusado de tê-lo mandado matar, foge num rebocador, levando consigo a Gilberto para a Bahia. A casa da família Freyre é saqueada, roubada e incendiada.
- O cargueiro que o leva para a *Europa* faz escala em Dakar: primeiro contato de Gilberto Freyre com a África.

GENTIDADES

- Exílio em Lisboa: vida intelectual pobre, convivendo com gente muito variada: saloios, fadistas, mulatas da Angola, e também condessas decadentes.
- Vive no mesmo quarto do ex-governador que, vestido num camisolão, chora desconsolado a ingratidão de seus compatriotas.
- Projeta escrever *Casa-grande & senzala*, e começa a reunir material. Para levar adiante esse projeto se translada à Universidade de Stanford como professor visitante. Utiliza intensamente as bibliotecas norte-americanas e viaja pelo *Deep South*, observando a sua semelhança com o Nordeste brasileiro.

1931

- Trabalha na Universidade de *Stanford* fazendo anotações para *CG&S*, na coleção brasiliana organizada por J. C. Branner.
- Regressa ao Brasil. Instala-se no Rio de Janeiro, onde começa a redigir *Casa-grande & senzala*, graças a um contrato com o editor. Retorna depois ao Recife, onde se instalará definitivamente. Recolhe abundante material para seu livro, conversando com ex-escravos e ex-senhores, e realizando observação participante, com grupos folclóricos de *pastoris* e *bumba meu boi*.

1932

- Conclui a versão definitiva de *Casa-grande & senzala* na Casa Mourisca do Sítio Carrapicho, na Estrada do Encanamento, no Recife. Vive de vender fruta (jacas, mangas) do sítio e passa fome com o velho Manoel Santana, criado da família (*sic*).
- José Lins do Rego publica *Menino de engenho*, primeira novela do ciclo do açúcar que continuará, nos anos seguintes, com *Doidinho* (1933) e *Banguê* (1934), todas elas influenciadas pela cosmovisão de Gilberto Freyre.

1933

- Celebra a conclusão de *Casa-grande & senzala* e o envio dos originais ao editor com uma festa na Casa Mourisca, a que os convidados comparecem disfarçados de personagens típicos da casa-grande colonial.
- A publicação de *CG&S*, no Rio (Maia & Schmidt), provoca surpresa e alcança enorme repercussão. Os principais escritores saúdam o autor, desconhecido até então, por sua originalidade, profundidade, erudição, elegância etc.
- Um grupo de pernambucanos, indignado com a *linguagem obscena*, a postura *negrófila* e as ofensas à Igreja e aos jesuítas, propõe queimar *CG&S* em ato público.

1934

- A sedução que a terra natal exerce sobre Gilberto Freyre se expressa no *Guia prático, histórico e sentimental da cidade do Recife,* que publica com ilustrações de Luís Jardim (uma versão atualizada e muito aumentada aparecerá em 1968).
- Organiza o *I Congresso de Estudos Afro-Brasileiros* e publica os anais do mesmo.

1935

- O Ministro da Educação, Gustavo Capanema, o nomeia professor extraordinário de *Sociologia* na Faculdade de Direito de Recife.
- Inaugura, a convite de Anísio Teixeira, na Universidade do Distrito Federal, uma cátedra de *Antropologia Social* e *Investigação Social* que Gilberto Freyre supõe ser a primeira no gênero que o país conhece.
- Os artigos de jornal que publica, então, no Recife, serão posteriormente recolhidos em *Retalhos de jornais velhos* (1964).

1936

- Publica *Sobrados e mocambos*, com o subtítulo: *Decadência do patriarcado rural e desenvolvimento do urbano*, no qual vinha trabalhando desde a aparição de *Casa-grande*. Uma segunda edição refundida aparecerá em 1951, e será traduzida para o inglês por Harriet de Onís em 1963, com introdução de Frank Tannenbaum.

1937

- Em entrevista ao *La Opinión*, de Buenos Aires, Gilberto Freyre informa que "em 1937 apoiei a candidatura de José Américo de Almeida, um escritor nordestino que se opunha a Vargas, ainda que este tenha, inicialmente, apoiado Almeida. Em seguida, veio o golpe de 1937, difícil de definir, sobretudo se rechaçarmos o convencionalismo de pôr uns à esquerda e outros à direita [...] Para meu assombro, a primeira audiência que o ditador Vargas me concedeu foi para me propor nada menos que o Ministério da Educação e Cultura".
- Publica *Nordeste* (aspectos da influência da cana sobre a vida e a paisagem do Nordeste do Brasil), com ilustrações de M. Bandeira e Lula Cardoso Ayres que, em 1943, será traduzido para o espanhol, em 1956 para o francês e em 1970, para o italiano.
- Publica *Mocambos do Nordeste* (algumas notas sobre o tipo de casa popular mais primitivo do Nordeste do Brasil).

1938

- Dirige um seminário sobre *Sociologia da escravidão*, na Universidade de Columbia.
- Reúne suas *Conferências na Europa*, que o Ministério da Educação publica. Seriam reeditadas depois sob o título *O mundo que o português criou*.

1939

- Edita o *Olinda: Guia prático, histórico e sentimental de cidade brasileira*, com ilustrações de M. Bandeira que teria várias reedições. Publica

Assucar (algumas receitas de doces e bolos dos engenhos do Nordeste), obra que será reelaborada amplamente para uma segunda edição em 1969.

1940

- Prepara a edição crítica do *Diário íntimo do engenheiro Vauthier*, que publica no Ministério da Educação. Posteriormente, se incorporará ao livro *Um engenheiro francês no Brasil*, em sua segunda edição de 1960. Do mesmo tipo de tarefa crítica, são o prólogo e as notas com que apresenta no mesmo ano as *Memórias de um Cavalcanti* que logo incorporará a *O velho Félix e suas memórias de um Cavalcanti*.

1941

- Aparece *Região e tradição*, que reúne os materiais de seu movimento regionalista e compagina a doutrina que o animou; a introdução é de José Lins do Rego e as ilustrações de Cícero Dias.
- Dá a conhecer um opúsculo: *Atualidades de Euclides da Cunha*, em que testemunha sua admiração pelo autor de *Os sertões*. (Recolhido, em 1944, em *Perfil de Euclides e outros perfis*.)

1942

- Com prefácio de José Lins do Rego, publica *Ingleses*, sobre as atividades britânicas no Brasil, que se desdobra em *Ingleses no Brasil* (1948), ilustrado por Rosa Maria e Luís Jardim.
- Trabalha em pesquisas metodológicas e teóricas, assim como em sua obra panorâmica sobre o Brasil.

1943

- Aparecem os *Problemas brasileiros de antropologia* reeditado várias vezes a partir de 1954.
- Rechaça a cátedra de Sociologia na *Universidade do Brasil*, como no ano anterior havia recusado a de Filosofia Social, da *Yale University*,

e a de Estudos Sociais Brasileiros, da *Harvard University*. É feito membro honorífico de importantes associações acadêmicas americanas: *American Sociology Society, American Anthropological Association etc.*

1944

• Publica-se o estudo de Diego de Melo Menezes sobre *Gilberto Freyre* com apresentação de Monteiro Lobato. O livro incorpora uma abundante documentação gráfica.

1945

• *Interpretação do Brasil* é publicado simultaneamente em Nova York e no México, em traduções inglesa e espanhola.
• Publica *Sociologia*, livro de texto para cursos universitários de ciências sociais, que teve muitas edições revistas e aumentadas a partir de 1957.

1946

• Ingressa na atividade política e é eleito deputado à Assembleia Nacional Constituinte de 1946, pela UDN.
• São publicadas algumas das conferências que mais tarde, em 1964, editará em *Seis conferências em busca de um leitor*. Entre elas, *Modernidade e Modernismo na arte política*.

1947

• Aparece a edição brasileira revista e ampliada de *Interpretação do Brasil* (Rio, José Olympio), que será traduzida ao italiano (1954).
• Por proposta de Jorge Amado, a Comissão de Cultura da Câmara dos Deputados o indica para o Prêmio Nobel de Literatura.

1948

• Participa do Conclave dos Oito, reunião interdisciplinar que a Unesco patrocina em Paris, juntamente com G. Gurvitch, G. W. Allport,

M. Hofkheimer, Arne Naess, J. Rickman, H. Stack Sullivan e A. Szalai. O volume que recolheu as posições e debates foi publicado pela Universidade de Illinois: *Tensions that cause wars*.

1949

• Representa o Brasil na Assembleia Geral das Nações Unidas, integrando a Comissão Social e Cultural.

1950

• Publica a sexta edição de *Casa-grande & senzala*, que passa a constituir o primeiro volume da *Introdução à história da sociedade patriarcal no Brasil*; o segundo volume será *Sobrados e mocambos*; o terceiro *Ordem e progresso*, publicado em 1959; e o quarto, o prometido *Jazigos e covas rasas*, ainda inédito.

• Neste mesmo ano, publica seus discursos de temas políticos em *Quase política*.

1951

• Visita oficialmente e faz conferência em terras portuguesas ou ex-portuguesas: Goa, Bombaim, Coimbra, Lisboa, Porto, Bissau, Luanda, São Vicente, Moçambique, Beira, Manica e Sofala.

1953

• Publica dois ensaios de lusotropicologia: *Um brasileiro em terras portuguesas* e *Aventura e rotina* (sugestões de uma viagem em busca das constantes portuguesas de caráter e ação).

1954

• Gilberto revela a um jornalista argentino que "uma semana antes do seu suicídio, Vargas me chamou ao Rio, com a maior urgência. Encontrei-o particularmente deprimido, introvertido, fumando em silêncio seus famosos charutos cubanos, pois havia abandonado os baianos, muito fortes. — Preciso demais de sua colaboração, Gilberto — me disse —, pois estou por fazer a reforma agrária e é você quem vai organizá-la. Você se sentará em um escritório perto do meu e trabalharemos intensamente no projeto".

- A pedido das Nações Unidas, redige um informe sobre a situação racial na União Sul-Africana.

1955

- Com ilustrações de Poty, publica *Assombrações do Recife Velho*, uma segunda edição ampliada será publicada em 1970.
- Em sua *Viola de bolso novamente encordoada*, Carlos Drummond de Andrade consagra um poema a Gilberto Freyre: "a casa-grande; a senzala,/ inda os remorsos mais vivos,/ tudo reurge e me fala,/ grande Gilberto, em teus livros".

1956

- Inicia uma série de viagens como professor visitante para pronunciar conferências em diversas universidades europeias, estadunidenses e latino-americanas.
- No Castelo de Cérisy, na França, por iniciativa do Prof. H. Gouthier, da Sorbonne, a obra de Gilberto Freyre é objeto de um seminário de sociólogos de renome, entre os quais G. Gurvitch, Roger Bastide, J. Duvignaud, N. Sombart.
- Participa da Reunião Mundial de Sociólogos, em Amsterdam, e assiste ao lançamento da edição francesa de *Nordeste* e da italiana de *Interpretação do Brasil*.

1957

- Outorgam-lhe nos Estados Unidos o Prêmio Anisfield-Wolf destinado a coroar o melhor trabalho mundial sobre as relações entre raças, devido à publicação da segunda edição inglesa de *Casa-grande & senzala*.

• Apresenta um trabalho sobre o pluralismo étnico e cultural na XXX Reunião do Instituto Internacional de Civilizações Diferentes, da Bélgica, que posteriormente passará a integrar seu livro *Brasis, Brasil, Brasília* (Lisboa, 1960; Rio, 1968).

1958

• *Integração portuguesa nos trópicos* é publicada em edição bilíngue, portuguesa/inglesa, pela Junta de Investigações de Ultramar de Lisboa, juntamente com o opúsculo: *Sugestões em torno de uma nova orientação para as relações internacionais do Brasil*.

1959

• Aparece *Ordem e progresso*, terceiro volume de sua *História da sociedade patriarcal no Brasil* (processo de desintegração das sociedades patriarcal e semipatriarcal no Brasil sob o regime de trabalho livre; aspectos de quase meio século de transição do trabalho escravo ao trabalho livre e da Monarquia à República). A tradução inglesa se fará em 1970.

• A Universidade de Madrid edita *Do regional ao universal na interpretação dos complexos socioculturais*.

• Publica, na Bahia, o opúsculo *A propósito de frades*.

• Aparece, em edição inglesa, *New World in the Tropics* (Knopf), cuja tradução ao japonês saiu em 1961 e ao português em 1971.

1960

• Publica o artigo: "Uma política transnacional de cultura para o Brasil de hoje", na *Revista Brasileira de Estudos Políticos* de Belo Horizonte.

1961

- A Academia Paulista de Letras confere a Gilberto Freyre o Prêmio de Excelência Literária.
- Aparece a décima edição de *Casa-grande & senzala*.
- Publica *O luso e o trópico*, com base em seus estudos sobre os "métodos portugueses de integração de povos autóctones e culturas diferentes da europeia".

1962

- A Academia Brasileira de Letras outorga a Gilberto Freyre o Prêmio Machado de Assis.
- A Universidade de Coimbra lhe confere, em cerimônia solene, o título de *Doutor máximo*, para ser exibido ao lado dos doutoramentos outorgados antes ou depois pela Sorbonne, por Sussex, por Munster, e também pela UFRJ.
- A editora José Olympio publica uma coleção de 64 ensaios sobre Gilberto Freyre e a sua influência na cultura moderna no Brasil: *Gilberto Freyre, sua ciência, sua filosofia, sua arte*.
- Celebra seu jubileu de prata com a publicação de três estudos: *Arte, ciência e trópico*; *Vida, forma e cor*; e *Talvez poesia*, editados respectivamente em São Paulo, no Rio e no Recife.

1963

- A Imprensa Universitária do Recife publica *O escravo nos anúncios de jornais brasileiros do século XIX*, e a revista *Diogène*, em Paris, "Americanidade e latinidade da América Latina".
- Pronuncia conferências nas universidades de Cambridge e Sussex (Inglaterra) e na Nigéria.

1964

- Publica a seminovela *Dona sinhá e o filho padre*, recebida com mais curiosidade do que entusiasmo, que será traduzida para o inglês em 1967.
- Publica em folhetos os materiais do Primeiro Colóquio de Estudos Germano-brasileiros, e uma nova contribuição ao tropicalismo: *A Amazônia brasileira e uma possível lusotropicologia*.
- "... a lista das minhas recusas seria tão grande quanto das minhas obras. Talvez, dentro de mim continue crescendo um adolescente individualista, quixotesco, um tanto anárquico como aquele estudante de Columbia que não queria assistir às cerimônias de colação de grau..." (Reportagem em *LOC*).
- Sai no Brasil, revista e ampliada, a primeira edição da tese de Gilberto Freyre sobre *A vida social nos meados do século XIX*.

1967

- Recebe o Prêmio Aspen, do Instituto Aspen dos Estados Unidos, por contribuições excepcionalmente valiosas à cultura humana nos setores humanísticos.
- Publica *Sociologia da Medicina*, em Lisboa.

1968

- Pronuncia uma série de conferências de autoanálise sobre *Como e por que sou e não sou sociólogo*, analisando as diversas facetas de seu trabalho intelectual: sociológico, antropológico, literário, que são editadas em livro pela UnB.
- Rende homenagem a Oliveira Lima, com o livro: *Oliveira Lima, Don Quixote gordo*.

GENTIDADES

1969

• Recebe o Prêmio Internacional de Literatura *La Madonnima*, por haver "descrito com incomparável agudeza literária os problemas sociais, conferindo-lhes calor humano e otimismo, bondade e sabedoria".

1970

• Seus setenta anos motivam as entrevistas de Renato Campos, *Gilberto Freyre entrevistado aos 70*, e a publicação de vários folhetos, assim como um livro bem ruinzinho de homenagem que o Instituto Joaquim Nabuco edita.

• A Assembleia Legislativa de Pernambuco promove uma edição popular de *Casa-grande & senzala*.

1971

• A Rainha Isabel II confere a Gilberto Freyre o título de *Sir* (Cavaleiro Comandante do Império Britânico).

• Maria Elisa Dias Collier inicia publicação de seleções de sua obra, com uma *Seleta para jovens*, à qual se seguirá, em 1972, *A condição humana e outros temas*.

• Os três volumes de sua *História* aparecem em inglês, em Londres. Trata-se da reedição conjunta de *CG&S*, *S&M* e *O&P*.

• Edita *A casa brasileira*, síntese de antigos estudos sociais e históricos sobre o tema.

1972

• É homenageado pelas universidades federais de Pernambuco e da Paraíba, com os títulos de Doutor *Honoris Causa* e Professor Honorário, respectivamente.

• Edita vários opúsculos, entre eles *Presença do Recife no Modernismo brasileiro*; *Independência brasileira, um processo de criatividade sociocultural*; *A propósito de José Bonifácio* e *Sugestões à Arena* (partido oficial da Ditadura).

1973

• Recebe o Troféu *Novo Mundo*, de São Paulo, por "obras notáveis em Sociologia e História".

1974

• Integra o Conselho Federal de Cultura.

1975

• Publica, lamentavelmente podados e revistos, seus diários íntimos, escritos dos 15 aos 30 anos, de 1915 a 1975: *Tempo morto e outros tempos*, onde conta com franqueza sua vida íntima e intelectual.

UIRÁ VAI AO ENCONTRO DE MAÍRA*

As experiências de um índio que saiu à procura de Deus

Nosso tema é a narração e, no possível, a interpretação dos fundamentos sociais e mítico-religiosos das experiências de um índio Urubu que saiu à procura de Deus. As desventuras de Uirá que, em novembro de 1939, depois de uma série de desenganos, se matou na vila de São Pedro, no Maranhão, lançando-se ao rio Pindaré.

Sua história se filia a toda uma copiosa documentação que se vem acumulando desde o primeiro século da ocupação do Brasil sobre movimentos messiânicos, de revivalismo e outros do mesmo caráter, vividos por índios levados ao desespero em consequência da expansão de nossa sociedade e de seus efeitos dissociativos sobre a vida tribal. Todos eles são, de resto, casos locais de fenômenos que se verificaram em várias partes do mundo onde povos de nível tribal sofreram o impacto da expansão civilizadora da Europa.

A análise dessa documentação interessa-nos duplamente: em primeiro lugar, porque nos habilita a caracterizar algumas faces do conceito de civilização; em segundo lugar, pelo que ensina sobre a natureza humana ou, mais especificamente, sobre as reações que podem experimentar seres humanos enquadrados em tradições culturais particulares quando, levados ao desespero, perdem o interesse pela existência tal como ela se oferece.

Diversos movimentos de fundamento mítico-religioso ocorridos na América do Sul foram documentados por Ehrenreich (1905), Koch-

---

* Publicado no livro *Uirá sai à procura de Deus: ensaios de etnologia e indigenismo*, Paz e Terra, 1974. Edição atual: Global, 2016. (N. E.)

-Grünberg (1919), Nimuendaju (1914 e 1915), Métraux (1931) e Schaden (1954). Em geral assumiam as formas clássicas do messianismo, em que um redentor esperado era reconhecido por seu povo e o levava à rebelião ou à migração e a outros movimentos religiosos com a promessa de instituir uma ordem social idílica.

O caso de Uirá, não tendo a mesma amplitude, não pode ser caracterizado como messianismo. Trata-se, antes, de uma experiência individual, movida embora pelos mesmos fundamentos. Uirá não arrastou seu povo à sua aventura, nem foi, em qualquer momento, reconhecido como um profeta ou messias. Simplesmente, diante de uma situação de desengano, seguiu um caminho prescrito pela tradição tribal, caminho que no passado foi palmilhado por muitos, e que talvez volte a atrair outros no futuro.

Aliás, esse caráter individual da experiência de Uirá é que empresta maior interesse à nossa comunicação. Casos de messianismo e revivalismo em que tribos inteiras ou parcelas consideráveis delas são levadas à rebelião dificilmente escapam a um registro. Mas experiências sobrenaturais individuais como a de Uirá, via de regra, não são nem meramente percebidas pelos que as presenciam. Só um conjunto de circunstâncias favoráveis chamaram nossa atenção para ela, permitindo reunir a documentação que analisaremos a seguir.

Antes, porém, devemos situar Uirá em seu contexto tribal para compreendermos os fundamentos sociais de sua experiência.

Os índios Urubu vivem à margem de pequenos cursos d'água que correm para o rio Gurupi, o Turiaçu e o Pindaré, na orla da floresta amazônica que avança pelo território maranhense. Constituem em nossos dias os últimos representantes dos modos de vida dos povos de língua Tupi que ocupavam a costa por ocasião da descoberta.

O nome "urubus" é naturalmente designação brasileira e data do tempo em que constituíam a tribo mais aguerrida do Pará, que mantinha em pé de guerra todo o alto curso do rio Gurupi. Eles se designam como Kaapor, que significa, aproximadamente, "moradores da mata".

Só foram chamados ao nosso convívio pacífico em 1928, depois de anos de esforços do pessoal do Serviço de Proteção aos Índios. Desde então, têm-se mantido em paz com os moradores do Gurupi, índios e civilizados, mas ainda são temidos pela população sertaneja maranhense que circunda seu território, incapaz de acreditar que se possa conviver com índios entre os quais fizeram tantas vítimas e dos quais sofreram tantos agravos.

Incidentes ocasionais, fruto quase sempre da mútua desconfiança que ainda prevalece, justificam essa atitude, aprofundando o ressentimento recíproco.

Percorrendo a região, quando nos hospedávamos em casa de sertanejos da margem maranhense e falávamos do nosso projeto de visitar as aldeias dos Urubu, éramos instados a desistir do que lhes parecia a aventura mais temerária. Os que não se manifestavam desse modo tomavam-nos como "amansadores de índio" que deviam ser estimulados em seus propósitos generosos, mas um tanto imprudentes.

Pouco mais de 25 anos de convívio pacífico custaram aos índios Urubu cerca de dois terços de sua população, vitimada já não por trabucos, mas pelas epidemias de gripe, sarampo, coqueluche e outras moléstias que assolaram suas aldeias. Hoje eles estão tomando consciência do preço que custaram as ferramentas, as miçangas e os poucos outros bens que obtiveram dos civilizados, e voltam-se para o passado, que recordam como o bom tempo das grandes aldeias cheias de gente, dos roçados enormes e fartos, da alegria de viver que se vai esgotando.

E, à medida que cresce o desengano, voltam-se para as velhas fontes de emoção. A pajelança, só recordada nos mitos, cujas técnicas mesmo se tinham perdido, ganha vigor, praticada por pajés Tembé que aos poucos vão conquistando a liderança religiosa do grupo.

Os índios Tembé que vivem também no Gurupi, e muitos dos quais se recolheram às aldeias Urubu, já percorreram todo o caminho do convívio pacífico em que os Urubu apenas se iniciam. Não têm ilusões sobre sua incorporação na sociedade civilizada, que poderia ter sido um futuro, nem esperanças de reconstituir a vida antiga. Como os Apopocuva, estudados por C. Nimuendaju, certos de que se encontram num mundo que já não tem lugar para eles, os Tembé voltam-se para o passado redefinindo o mito da criação numa promessa de cataclismo que destruirá a Terra e a vida. Sua preocupação obcecante e, talvez mesmo, sua última esperança é esse cataclismo que porá fim a toda a criação.

Aconselhados por esses desenganados que falam uma variante da mesma língua e se fundamentam na autoridade de uma mitologia comum, os índios Urubu vão sendo envolvidos no mesmo desespero. Talvez ainda mais grave, porque, ao menos em um caso diretamente observado por nós, o pajé Tembé suscitava e capitalizava esse desengano para levar índios Urubu a trabalhar em seu roçado. Assim é que poucos anos de convívio conosco os estão levando a viver antecipadamente momentos de um processo dissociativo que, sem a presença dos Tembé, eles só alcançariam no futuro e provavelmente exprimiriam por outras vias.

Percorrendo as aldeias Urubu em 1951, registramos o caso de um índio que se matou vazando o pescoço com uma flecha, em virtude do pavor a que fora levado por um pajé Tembé que o convencera de que o avião comercial que sobrevoa semanalmente o território tribal iria despejar do céu uma chuva de fogo. Toda a gente de outro grupo local destruiu as casas e os bens mais preciosos — as coleções de adornos plumários — para seguir o mesmo pajé que profetizava o fim do mundo pelo estouro do Sol. Índios que nada sabiam de pajelança além dos relatos míticos, por insinuação dos pajés Tembé, tomavam maracás e experimentavam o seu poder xamanístico num esforço por controlar as forças sobrenaturais e livrar sua gente das ameaças que acreditavam pesar sobre ela.

Intrigas de pajelança e feitiço provocaram recentemente, depois de nosso regresso, o primeiro assassínio de que tem notícia a tradição tribal Urubu.

Esse ambiente de desengano, provocado pela mortalidade enorme e pelo enfraquecimento físico ocasionado por doenças levadas pelos civilizados e por uma série de outras condições de penúria, e exacerbado por um corpo de crenças e de práticas mítico-religiosas, constitui o fundamento das experiências de Uirá.

Tivemos pela primeira vez a história de Uirá diante de nós, como fatos, em 1951, na vila de São Pedro, no Maranhão, onde ele se matou. Conhecíamos já a lenda. Seu nome fora dado a um posto e a uma embarcação do Serviço de Proteção aos Índios, "como homenagem ao pundonoroso e digno cacique Urubu que preferiu atirar-se a um cardume de piranhas a regressar à tribo sem desafrontar-se dos insultos e agressões que recebera dos 'civilizados' a que viera procurar num movimento de simpatia e fraternidade".[1] Sua história inspirara poemas, artigos e até um ensaio. Este último procurando demonstrar, com prova nas qualidades heroicas atribuídas a Uirá, que o indianismo romântico de Gonçalves Dias era expressão concreta dos fatos. Segundo outra versão, Uirá seria "O grande chefe dos índios Urubu que teria deixado um dia a sua aldeia para uma viagem de confraternização com os brancos". Trazia consigo a mulher e um casal de filhos, estes últimos para educar. Em caminho fora de tal modo desrespeitado, maltratado e espancado que, de regresso, "chama a mulher e os filhos (citamos um desses artigos), diz-lhes que,

---

1 *Boletim do SPI*, n. 1, p. 2, nov. 1940.

consoante à lei da tribo, não poderá voltar desonrado para a aldeia, e com a aquiescência de todos passa a chefia ao filho, Uiraru. Em seguida afasta-se do grupo e lança-se no rio Pindaré, à voracidade das piranhas."[2]

Ainda em São Pedro ouvimos mais uma variante dessa mesma história. Lá, porém, encontramos as primeiras evidências: os ossos de Uirá e o inquérito policial referente à sua morte. Pudemos ler os testemunhos dos pescadores que tarrafearam o cadáver, segundo os quais, ao suspenderem-no, ainda tiveram de matar piranhas que vieram envolvidas nas vestes: de Uirá "só restaram os ossos". O corpo de delito, firmado pelo farmacêutico local, reza que a morte se deu por afogamento e o corpo foi devorado pelas piranhas, "só ficando intactos os pés".

São Pedro fica à borda da mata em que Uirá deveria entrar para regressar à sua gente. Esse era também nosso caminho para a segunda visita aos Urubu. Uma vez nas aldeias, procuramos reconstituir a história, num esforço para explicar aquele suicídio. Tudo o que sabíamos sobre os índios Urubu, graças à pesquisa anterior, indicava que a lenda do grande chefe, embaixador em missão de paz, não podia ser verdadeira. No curso da segunda expedição, fomos, aos poucos, reunindo os fatos até que numa aldeia encontramos Katãi, viúva de Uirá, seu filho, Ihú Irapik, e sua filha, Numiá, com os quais pudemos reconstituir os acontecimentos e interpretá-los na forma como são apresentados aqui.

Uirá era tão somente um chefe de família, um líder de sua aldeia. Certamente mais emotivo que o comum, porque se deixou afetar mais que os outros por desventuras que pesaram sobre todos, mas só a ele levaram a empreender a grande viagem dos desesperados.

Foi impossível obter de nossos informantes a narração de todos os infortúnios pessoais que conduziram Uirá ao desespero. Talvez

---

2 A lei das selvas. *O Radical*, Rio de Janeiro, 22 ago. 1940.
Chacina de índios no Maranhão. Idem, 1 nov. 1941.

UIRÁ VAI AO ENCONTRO DE MAÍRA

estivéssemos exigindo infortúnios demasiados, a gosto de tragédia, quando cada ser humano tem sua própria medida de desengano. Verificamos que uma epidemia de gripe assolara a aldeia matando muitos, inclusive um filho seu que se fazia rapaz. Uirá começou, então, a percorrer os caminhos prescritos pela tradição tribal para os infortunados, ficou *inãron*.

Essa expressão Tupi, que tem sido traduzida por raiva, cólera, indica para os índios Urubu um estado psicológico de extrema irritabilidade, que exige o mais total isolamento para ser debelado. Desde que alguém se declare *iñaron* é imediatamente abandonado por todos, ficando com a casa, os bichos e toda a tralha à disposição para o que lhe aprouver. De ordinário cura-se rapidamente quebrando potes, flechando xerimbabos ou, nos casos mais graves, cortando punhos de rede e derrubando a própria casa. Quando passa o ataque de ódio feroz voltam os parentes como se nada houvesse, reconstrói-se o destruído e a vida prossegue.

Assim o grupo reconhece e salienta o interesse coletivo na crise emocional individual, proporcionando ao raivoso um amparo e uma reverência que devem contribuir muito para fazê-lo voltar prontamente ao normal. Graças a essa instituição, as tensões dissociativas são desviadas, evitando-se os conflitos dentro do povo.

Uirá, com a morte do filho, declarou-se *iñaron*, foi abandonado por algum tempo, agiu como se espera dos raivosos e mais tarde voltou ao convívio de sua gente.

Mas logo se viu — segundo deduzimos dos relatos — que não se tratava de um simples caso de *iñaron*; pois pouco depois Uirá caía num estado cada vez mais profundo de prostração, de tristeza e desengano. Estava *apiay*, conforme nos disse Katãi, a viúva.

Decidiu, então, experimentar outro caminho prescrito pela tradição tribal para as grandes crises morais: transformar as tensões

GENTIDADES

emocionais em furor guerreiro e sair pelas aldeias aliciando outros desenganados para uma sortida contra os índios Guajá.

Antigamente os índios Urubu tinham inimigos nos grupos de brancos e de índios Tembé e Timbira que circundavam o seu território. Com a pacificação só restaram os Guajá — pequena tribo arredia que vive encravada nas matas do alto Pindaré e constitui o último grupo inimigo que resta aos Urubu e, como tal, suporta todo o peso da instituição tribal de transferência de tensões emocionais. Cada epidemia que faz vítimas nas aldeias Urubu, cada desgraça que os atinge engendra esses grupos de desesperados que vão se vingar nos Guajá. Uirá participou de um desses bandos guerreiros de compensação emocional, fez vítimas e sofreu ferimentos. De regresso, percorreu as aldeias narrando, no estilo pantomímico dos Urubu para esses casos, os seus feitos. Representou no pátio das aldeias, com a gesticulação mais eloquente, os combates de que participou e exibiu as cicatrizes como condecoração.

Mas nem assim alcançou o equilíbrio emocional que buscava, continuou "*apiay*, pensando no filho morto".

Haviam-se esgotado para Uirá as fontes do gosto de viver, e nenhum consolo ou alívio lhe trouxeram as formas tradicionais de reconquistar o controle emotivo: o isolamento e a guerra. Mas tinha ainda energia para uma última empreitada, aquela de que dão notícia a tradição oral e os mitos tribais: a lenda dos heróis que foram vivos ao encontro de Maíra, o criador.

Essa é a empresa mais terrível a que um índio Urubu pode se propor. Nada indica que Maíra acolha benevolamente a seu povo em sua morada. As lendas só se referem a essa possibilidade para enumerar detidamente as provações terrificantes que devem experimentar os que ousam a façanha.

Maíra é o herói-civilizador dos povos Tupi, aquele a quem atribuem a criação do mundo, dos homens e dos bens de cultura. Seus feitos foram registrados por Thévet e outros cronistas coloniais entre os Tupinambá, e, em nosso tempo, por Nimuendaju entre os Tembé. A versão Urubu da cosmogonia Tupi justifica tratar Maíra como algo mais que um herói mítico. A realidade e atualidade de sua existência fazem dele quase uma divindade. Não é concebido apenas como o demiurgo que operou numa era mítica criando o mundo e as coisas, mas como um ser vivo e atuante. Ainda agora, as hecatombes, as tempestades e toda a vida, concebida como uma luta, é explicada pelos índios Urubu através da alegoria de um conflito permanente entre um Maíra pai e um Maíra filho em que duplicaram o herói. Embora não esperem qualquer ajuda de Maíra nem concebam que se possa apelar para ele ou invocá-lo, sua ação é necessária e eficiente para manter a ordem cósmica agora como no tempo da criação.

Vejamos alguns trechos da versão que colhemos da cosmogonia Urubu:

— Tudo era claridade, não existia nada.

— No princípio não existia nada, só Maíra e aquele clarão.

— Maíra fez a terra e os rios grandes, depois mandou um macaco gigantesco plantar a mata.

— Quando a mata já estava pronta, Maíra fez as gentes, antes disto fez Tapĩxĩ para ser seu irmão e mandou para o norte; Maíra ficou no sul.

— Depois de fazer as coisas, Maíra perguntava o nome, elas diziam: "eu sou mandioca". Cada coisa disse seu nome e Maíra os ensinou aos Kaapor.

— Maíra só fez os grandes rios e a mata. Os igarapés, as caças e os peixes foram feitos pelo filho de Maíra, para que a gente pudesse viver.

— Os homens foram feitos de madeira. Maíra fez os *Kaapor* de pau-d'arco (*Tadyki*), aos Karaiwa (brancos) de sumaúma (*axuigi*) e aos Guajá de pau podre, por isso vivem no mato, não fazem casa, só comem coco.

— Maíra queria que os Karaiwa fizessem as coisas tão bem como ele próprio, que fossem iguais a ele.

— Os Karaiwa sabem fazer as coisas porque Maíra ficou mais tempo com eles ensinando tudo.

— Maíra não quis ensinar aos Kaapor como se faz terçados, facas, machados; disse que os Karaiwa deviam fazer isto e dar aos Kaapor...

— Maíra não ensinou aos Kaapor como fazer panos finos, disse que deviam andar como ele, nus, sempre com o arranjo de decoro e o corpo pintado de preto e vermelho.

— Maíra ensinou aos Kaapor como fazer os diademas de penas amarelas.

— Quando Maíra acabou de fazer os homens escolheu os que seriam tuxauas e os que seriam caciques para mandar e os que seriam *miassu* para trabalhar.

— Maíra não queria que os homens morressem, e os fez como as cobras, as cigarras, as aranhas que, quando envelhecem, mudam o couro e ficam jovens outra vez.

— A gente dorme demais, Maíra dizia aos homens que fez: "Não durmam tanto, fiquem acordados", mas eles viravam e dormiam novamente.

— Maíra disse aos homens que Mira-Kurusá (a árvore de Maíra que nunca morre, porque, como as cobras, está sempre mudando a casca) iria chamá-los à noite. Pediu que ficassem acordados, porque quem não respondesse aos gritos da sua árvore conheceria a morte.

— Mas os homens dormiam muito. Mira-Kurusá chamou três vezes, eles não ouviram; só as árvores, a cobra e a aranha estavam acordadas e responderam.

— Maíra veio e então disse: "agora vocês serão mortais". Desde então quem morre aqui na terra vai para o céu, para a casa do filho de Maíra.

— A terra é o lugar de Maíra, o céu é o lugar de seu filho, desde que ele foi lá encontrar-se com seu irmão, o filho de Mikura que morrera.

— Todos os moradores do céu são bonitos. Quando chegam lá, Maíra-Mimi os leva, puxa os dedos, os braços, o topete da cabeça e passa água no rosto para ficarem bonitos.

— Desde que o filho de Maíra subiu ao céu para ficar com seu irmão, ele está sempre lutando contra o pai: todas estas pedras que se veem aí pelos rios, pelos outeiros, quebradas, achatadas, foram casas de Maíra que Maíra-Mimi destruiu.

— Quando relampeia e cai raio de fogo é porque Maíra-Mimi está brigando com seu pai.

— Maíra não pode parar muito tempo num lugar, tem que sair para outro porque Maíra-Mimi o persegue.

— Maíra está magro, a cintura dele está como tanajura, porque não pode comer; o filho não deixa.

— Mas Maíra não morre, o filho não pode com ele. Quando acaba com uma casa, Maíra vira jacaré e cai dentro d'água, fica até dias dentro sem sair, por isto está magro.

— Água não faz bem a Maíra, por isto ele está inchado, mas o filho não o deixa fora.

— O filho de Maíra vive no céu com as *añangas* (almas) de todos que morreram. Lá, às vezes, fazem grandes cauinagens, todos ficam bêbedos. Maíra toma um arco enorme e atira para todo lado, suas flechas são os trovões e os raios; depois derrama os potes gigantes em que guarda a água e ela cai aqui como chuva.

— Maíra fez três estrelas grandes para tomarem conta do vento, das águas e dos peixes, destas três nasceram todas as outras. São: Kamanãno, que manda o vento derrubar as árvores; Arapiá, que comanda o vento e toca as embarcações nos rios; e Iuséraiu, que incha os igarapés em que sobem todos os peixes para desovar.

GENTIDADES

Nas noites de verão os índios Urubu ainda veem Maíra, o velho, que se desloca pelo céu em visita a Tapĩxĩ. Então toda a gente da aldeia grita: "Eh Maíra, nosso avô!"

Também os moribundos Urubu veem Maíra, o filho, que vem para encaminhá-los à sua morada.

O que nos interessa aqui, porém, no mundo de comentários que essa cosmogonia poderia suscitar, são as possibilidades de alcançar Maíra, o velho, com o próprio corpo, que os Urubu entreveem nos textos míticos. Vários deles se referem a essa possibilidade.

— A morada de Maíra é para o sul, depois do segundo rio grande, longe. Ninguém pode ir lá. Os moradores de lá não morrem; quem morre vai lá. Os Karaiwa podem passar pelo lugar que não veem nada. Só os Kaapor antigos podiam ver.

— Para chegar à morada de Maíra tem de passar um rio grande, quando a canoa vai aproximando não pode andar mais porque a água vira borracha e por mais que se reme ela não anda. A pé também não vai, a areia prega os pés da gente e não deixa andar mais. Quem vai morre ali sem poder sair.

— Gente que vai lá vira pedra. Chega à margem do rio, grita para Maíra pedindo terçado. Ele pergunta zangado: "Você não sabe fazer terçado?" A gente não sabe e ele faz virar pedra ali mesmo onde está.

— Maíra corta uns paus, assim (pedaços pequenos), e joga n'água, quando boiam já é gente Kaapor e Karaiwa; eles querem nadar para o lado de Maíra, mas ele não deixa, têm que vir para o lado de cá.

De outro contexto selecionamos este fragmento:

— A morada de Maíra é de pedra, de espelho, não há nada de madeira lá. Maíra se veste com roupa como espelho, tem também um espelho na testa, olha por ele e vê longe quem

UIRÁ VAI AO ENCONTRO DE MAÍRA

se encaminha para sua morada. Se vê alguém, grita: "Vá embora, sua pele não presta". Ninguém pode ir lá.

Um dos mitos fala-nos de um homem que viu as filhas de Maíra e quis casar com uma delas. Juntou muitos presentes e partiu. Achou que o caminho era fácil porque parecia perto. Mas não conseguiu chegar porque a estrada era muito íngreme e constantemente açoitada por uma ventania fortíssima que o jogava para baixo.

Dois outros mitos narram tentativas frustradas de chegar à casa de Maíra. Vejamos o primeiro deles:

— A morada de Maíra é para lá (norte), depois de um rio grande que quase não acaba.

— Uns Karaiwa passaram uma vez descendo o grande rio para ir à casa de Maíra. Levaram com eles um Kaapor ainda jovem. Andaram, andaram, aquele índio ficou homem. Ao atravessar uma terra encontraram um camaleão que os acompanhou. Queria ver Maíra para arranjar um couro novo.

— Andando, chegaram a um lugar que só tinha cobra, as cobras subiram na perna do Kaapor e enrolaram, mas o camaleão cortou-as pelo meio. Aí o Kaapor voltou, não quis mais seguir viagem, os Karaiwa seguiram.

Quando aquele índio voltou era velho e o camaleão veio com ele, por isto é que tem aquele couro feio todo encolhido.

Aquele Kaapor ia com os Karaiwa para arranjar uns terçados e ferramenta com Maíra, mas os Karaiwa, quando ele voltou, deram muitos terçados que o velho trouxe.

— Os Karaiwa seguiram viagem, andaram muito, atravessaram rio grande e chegaram à morada de Maíra. Aí o viram, ele estava trabalhando em ferro: *tin, tin, tin*, era aquele barulho dele batendo nos ferros para fazer machete. Tinha casa grande cheia de tudo que é ferramenta.

Maíra os viu e pegou os que pôde, uns cinco, e foi batendo na cabeça deles; cada um em que batia ficava enterrado até a cintura no chão e morria ali. Os outros Karaiwa fugiram.

Outro mito trata de um pajé que, desejando ir à morada de Maíra, juntou gente e partiu:

> — Para atravessar o rio grande eles fizeram pontes de cipó de uma pedra a outra até alcançar a terra onde estava a casa de Maíra. Mas saiu gente que os viu chegando e foi atacá-los com flechas. Um Karaiwa matou aquele pajé com duas flechadas no peito, ele caiu lá.
>
> — Os outros voltaram; quando vinham pelo caminho, encontraram daquelas frutas compridas como um braço, finas como dedão do pé que os Karaiwa comem muito. Eles comeram daquela fruta também e continuaram viagem.
>
> — Quando chegaram na aldeia deles foram ver a viúva e contar o que tinha acontecido com o marido.

No texto seguinte, colhido numa conversa informal sobre pajelança, o poder dos pajés antigos é salientado pelo informante através de uma referência à sua capacidade de ajudar na realização da grande empresa. Em seguida reitera o consenso tribal sobre a preferência de Maíra a seu povo:

> — Quando havia pajé bom, muita gente ia para a casa de Maíra; o pajé cantava, fumava cigarros grandes, depressa eles chegavam lá.
>
> — Agora não há mais pajé e quase ninguém pode ir lá.
>
> Só a gente bem morena de cabelo preto liso pode ir para casa de Maíra. Os brancos não podem ir lá, quando chegam, Maíra os manda sentar e eles viram bancos de pedra.

Os documentos seguintes, colhidos também durante conversas informais sobre a natureza de Maíra, não constituem mitos propriamente. São, antes, atualizações, em atitudes e certezas práticas, do saber e da fé neles contidas. Mais que as próprias dramatizações míticas, são essas certezas nelas inspiradas, repetidas a toda hora e a propósito de todas as coisas como a explicação mais geral e a motivação mais profunda, que fundamentam a esperança do homem de alcançar vivo a morada de Maíra.

> — Maíra é como os Kaapor, moreno, pinta-se também com jenipapo e urucu, amarra o membro viril e usa diadema de japu como nós.
> — Maíra às vezes aparece como Kaapor, depois dá uma volta pela casa e surge todo vestido e grita: "eu sou *Karaiwa-té*". Torna a rodear a casa, volta como cachorro e diz: "eu sou *iawar-té*". Depois aparece como cavalo, como cigarra. Maíra é tudo.
> — Um Kaapor viu Maíra. Levava seu diadema de japu. Quando foi chegando gritou: "eu sou Kaapor, sou forte". Maíra disse também: "eu sou Kaapor, sou forte". Viu o diadema escondido e deixou aquele homem ficar lá na morada dele.

Em todos esses textos está presente para os índios Urubu, apesar das contradições e ambiguidades,[3] a possibilidade de ir ter com Maíra, desde que estejam dispostos a enfrentar as provações.

---

3 Toda a visão do mundo dos índios Urubu, tal como a pudemos entrever, após as experiências de vinte e tantos anos de convívio com nossa sociedade, é um esforço de redefinição das alegorias míticas em face de sua nova vida de povo subjugado que está tomando consciência de seu verdadeiro lugar e importância entre os povos. As contradições formais e as ambiguidades de sentido dos textos citados exprimem esse esforço de reelaboração com o qual continuam explicando o mundo e encontrando motivações na velha cosmogonia. Esse é o caso das identificações flagrantes de Maíra com os brancos, dos Karaiwa com os brancos e os pajés que permitiram a Uirá marchar para uma grande cidade como quem vai ao encontro do herói.
Voltaremos à análise desses problemas num estudo especial sobre o perfil psicológico e a visão do mundo dos índios Urubu.

Essa foi a decisão de Uirá em seu desencantamento.

Segundo prescrevem as tradições tribais, fez pintar seu corpo com as tintas vermelha e preta do urucu e jenipapo, conforme ensinara Maíra aos Kaapor. Paramentou-se com os adornos plumários que foram também dádiva de Maíra. Tomou as armas, o arco e as flechas, igualmente criação de Maíra para o seu povo, e, finalmente, um paneiro de farinha que deveria levar para, ao deparar-se com o herói, tomar um punhado nas mãos e dizer:

— Eu sou sua gente, a que come farinha.

Com toda essa paramentália estava certo de que seria reconhecido por Maíra como Kaapor e teria ingresso com sua mulher e filhos em sua morada, onde não há morte, onde as flechas caçam sozinhas; os machados, a uma simples ordem, partem para a mata e fazem as derrubadas.

Figuremos Uirá, magnífico em seus adornos, o corpo pintado, à imagem do herói mítico, armas à mão, a tensão de quem enfrenta a mais terrível provação expressa no rosto, nos gestos. Assim devia parecer à mulher e aos filhos, aos olhos de sua gente.

Para os sertanejos maranhenses com quem iria deparar, porém, era tão somente um índio nu e armado, nu e furioso.

Segundo a narração de Katãi e dos filhos, eles percorreram rapidamente duas a três centenas de quilômetros através da mata até sair na zona de campos cerrados. Uirá sempre em seus paramentos, caçando e pescando para alimentá-los.

No rumo que tomaram iriam ter fatalmente a São Luís, capital do Maranhão; mas para Uirá esse era o roteiro da morada de Maíra. Como era inevitável, encontraram logo as ranchadas dos pioneiros sertanejos através das quais nossa sociedade se expande em seu avanço pela orla da mata maranhense. Ora, essa é precisamente a gente que, estando mais próxima dos índios e mais desamparada nos ermos inóspitos e desolados em que se encontra, mais os teme.

É fácil imaginar a reação do primeiro núcleo sertanejo à chegada do pequeno grupo indígena. Uirá, com o corpo pintado de vermelho e preto, armas à mão, lhes deve ter parecido o cabeça de um troço de índios que vinha atacá-los. Só assim se pode explicar o furor com que se lançaram contra eles, com que os prenderam e espancaram, segundo o relato da Katãi.

Mas, vendo que não apareciam outros índios, os ânimos se desarmaram, os trabucos foram guardados e, mais tarde, os reféns foram deixados à sua sorte. Uirá desfez-se das calças que lhe foram impostas, refez como pôde sua paramentália, para isso trazia as tintas, mas os adornos plumários e as armas saíram muito estropiados desse primeiro embate.

Nos outros vilarejos cada vez mais numerosos e mais populosos, à medida que prosseguiam, a mesma recepção se repetiu, muitas vezes. Desrespeitados, maltratados, espancados, seguiram em frente.

Katãi e os filhos relatam, então, a prova mais dura suportada por Uirá: a descrença deles próprios. Segundo suas expressões, copiadas de nossos diários:

> — Os Karaiwa falavam, falavam. Uirá não escutava, não entendia nada. Uirá falava, falava, gritava que ia ver Maíra, mas ninguém entendia nada. Mais tarde chegaram os *Karaiwa* que escrevem; estes falavam, falavam em tom de quem pergunta, depois escreviam, como faz você. Dissemos a Uirá que aquele não podia ser o caminho de Maíra, mas ele sabia que era. Ele ficou *iñaron*. Nós não queríamos ir adiante, ele nos espancava e obrigava a seguir. Todos os dias batia em nós.

Era a experiência mais terrível para Uirá. Até então deve ter identificado a incompreensão e os espancamentos que sofrera dos

GENTIDADES

brancos como as provações míticas que esperava e aceitava. Elas eram a expiação, o preço, a verdadeira estrada que levaria a Maíra. Agora, era a descrença de sua própria gente que ele devia enfrentar. Mas como desistir depois de tantos sofrimentos, como regressar se também não tinha mais por que viver a vida que se oferecia na aldeia do filho morto, da gente enfraquecida, da vontade de viver perdida?

Uirá seguiu com sua gente, refazendo sempre a paramentália, recusando-se a usar as calças que lhe queriam impor em cada vilarejo e que o desfigurariam aos olhos de Maíra.

Nessa marcha alcança uma cidade, Viana, com suas autoridades escrevedoras, sua polícia, seus costumes mais exigentes. Ali já não era possível largar "um índio nu, um índio louco, a espancar a mulher e os filhos".

Uirá, que se propunha viver a lenda dos heróis míticos de seu povo, era para Viana o índio louco que não aceitava roupas e ameaçava e vociferava a qualquer tentativa de disciplina. Uma vez definido nesses termos o problema, as autoridades cumpriram seu papel; prenderam o doido para remetê-lo a São Luís. Que não foi fácil fazê-lo entrar na canoa e seguir viagem, deu-nos a entender Katãi, contando que os barqueiros lhe quebraram a cabeça com os remos e o amarraram. Assim foi entregue à polícia da capital, que o recolheu a uma enxovia.

Essa foi uma nova provação. Até então havia enfrentado obstáculos contra os quais podia reagir, mas que fazer diante das grades de ferro, separado da mulher e dos filhos? Uirá, em seu desespero, tomava com as mãos as barras da porta, batia com a cabeça nos ferros, fazendo-se sangrar.

Assim foi encontrado pelos funcionários do Serviço de Proteção aos Índios, que levantaram um protesto público contra as violências e começaram a tecer, *incontinenti*, a lenda tão verossímil do emissário de paz. Liberto, Uirá é posto em tratamento, ganha presentes e, enquanto espera o regresso à aldeia, que todos imaginavam ser seu desejo, passeia pela cidade.

Ainda em São Luís dá-se um incidente que, apesar de constituir o principal assunto de toda a imprensa local durante vários dias, não ficou esclarecido.

Apenas sabemos[4] que, uma tarde, Uirá, a mulher e os filhos saem "com suas bagagens à maneira de quem vai viajar, não atendendo ao chamamento dos funcionários do SPI que cuidavam deles". Vão ter "à praia de Madre de Deus, onde, fitando o rio Bacanga, soltaram gritos de entusiasmo e exclamações de alegria... fizeram gestos ininteligíveis, como que indicando que queriam atravessar o rio". Em seguida, encontrando uma canoa, "tentam embarcar nela e lançar-se numa aventura pelo mar". Mas, "compreendendo que a maré estava baixa para a navegação, os índios, pai e filho, atiram-se à água, nadando até a praia". Assim foram ter a uma "coroa" onde trabalhava um grupo de pescadores, com os quais "por motivos ignorados travou-se uma luta da qual resultou amarrarem o *tuchaua* com fortes cordas de pés e mãos, como se fosse um suíno e, em seguida, espancarem-no barbaramente, deixando-o ensanguentado sobre a lama". Com a celeuma levantada e os gritos de Katãi e da filha, juntou-se verdadeira multidão. Nisso, "com grande esforço o *tuchaua* conseguiu livrar-se das cordas e, desvencilhando-se também das roupas, nu em pelo, fugiu, pondo-se a nadar com espantosa rapidez".

Quando as autoridades conseguiram alcançá-los, Uirá apresentava "um grande ferimento na região parietal esquerda, cuja origem é desconhecida". O filho depois de retirado d'água conseguiu escapar, refugiando-se por vários dias nos mangais que circundam São Luís.

---

4 As notícias do incidente foram colhidas nos jornais *O Globo*, *O Imparcial* e *Diário da Noite* de São Luís do Maranhão, edições de 26 de outubro a 5 de novembro de 1939.

Em face da identificação dos caminhos de Maíra com o mar, sugeridos pela mitologia Urubu e demonstrados concretamente pelos movimentos messiânicos dos índios Guarani (Nimuendaju, 1914) é legítimo supor que Uirá estivesse fazendo seus últimos esforços para alcançar a morada do herói mítico.

O último capítulo é a viagem de volta pelo rio Pindaré e, já ao fim, diante do caminho de casa, o suicídio pela forma mais terrível aos olhos dos índios Urubu.

Contudo, Uirá sempre cumpriu o destino a que se propôs. Não podendo ir vivo ao encontro de Maíra, sempre foi, porque a morte também é caminho para ele.

Referências bibliográficas

EHRENREICH, Paul. Die Mythen und Legenden der Südamerikanischen Urvölker und ihre Beziehungen zu denen Nordamerikas und der Alten Welt. *Zeitschrift für Ethnologie*, Berlim, XXXVII, Supplement, 1905.

KOCH-GRÜNBERG, Theodor. *Zwei Jahre unter den Indianern: Reisen in Nordwest-Brasilien 1903-1905*, Berlim, 1910.

MÉTRAUX, Alfred. Un chapitre inédit du cosmographe André Thévet sur la géographie et l'ethnographie du Brésil. *Journal de la Société des Américanistes*, Paris, N. S. XXV, p. 31-40, 1931.

_____. Les hommes-dieux chez les Chiriguano et dans l'Amérique du Sud. *Revista del Instituto de Etnología de la Universidade Nacional de Tucumán*. Tucumán, tomo 2, p. 61-91,1933.

_____. *A religião dos Tupinambá e suas relações com a das demais tribos tupis-guaranis*. São Paulo, 1950. (Coleção Brasiliana, v. 267).

NIMUENDAJU, Curt. Die Sagen von der Erschaffung und Vernichtung der Welt als Grundlagen der Religion der Apapocúva-Guaraní. *Zeitschrift für Ethnologie*, Berlim, 40, p. 284-403, 1914. Tradução de F. W. Lommer, inédita.

_____. Sagen der Tembé-Indianer (Pará und Maranhão). *Zeitschrift für Ethnologie*, Berlim, 47, p. 281-301, 1915. Tradução em: *Sociologia*, São Paulo, v. 8, n. 1 e 2, 1951.

SCHADEN, Egon. Aspectos fundamentais da cultura Guarani. *Boletim n. 188 da Faculdade de Filosofia, Ciências e Letras da Universidade de São Paulo. Antropologia*, n. 4, 1954.

_____. Ensaio etnossociológico sobre a mitologia heroica de algumas tribos indígenas do Brasil. *Sociologia*, São Paulo, v. 7, n. 4, 1945.

THÉVET, André. *Singularidades da França Antártica:* a que outros chamam de América. São Paulo, 1944. (Coleção Brasiliana, v. 229).

_____. *Le Brésil et les Brésiliens.* Seleção de textos e notas de Suzanne Lussagnet. Paris, 1953.

SALVADOR ALLENDE E A ESQUERDA DESVAIRADA*

Digo-o com calma, com absoluta tranquilidade: eu não tenho índole de apóstolo nem de Messias. Não tenho condições de mártir. Sou um lutador social que cumpre uma tarefa, a tarefa que o povo me deu. Mas que o entendam bem aqueles que querem retrotrair a história e desconhecer a vontade da maioria do Chile: sem ter carne de mártir, não darei um passo atrás. Que o saibam: só deixarei La Moneda quando o mandato que o povo me deu se cumprir.

Que o saibam, que o ouçam, que lhes fique profundamente gravado: defenderei esta revolução chilena e defenderei o governo da Unidade Popular, porque este é o mandato que o povo me entregou. Não tenho outra alternativa. Somente me crivando de balas poderão impedir-me de realizar esta vontade que é fazer cumprir o programa do povo.

Salvador Allende, 4 de dezembro de 1971.

Escrevo sobre um bravo homem. Um herói-mártir a mais que a história nos brinda, quando o que quiséramos era tê-lo conosco nas lutas para conquistar a condição de povos autônomos que existam para si mesmos e vivam segundo seu próprio projeto.

---

* Depoimento concebido dias após o assassinato de Salvador Allende, ocorrido em 11 de setembro de 1973. (N. E.)

Escrevo sobre um estadista. O mais lúcido com quem convivi e o mais combativo. Um estadista que deixa como legado para nossa reflexão a experiência revolucionária mais generosa e avançada do nosso tempo, edificar o socialismo em democracia, pluralismo e liberdade. Escrevo sobre a morte de um amigo queridíssimo que amava a vida mas sabia e sentia que só vale a pena vivê-la com dignidade, e se ela for dedicada a uma causa socialmente generosa.

Escrevo de fato, para meditar sobre este último e assombroso episódio da história latino-americana: o assassinato de um presidente no auge de seu prestígio popular, ainda que também sob a mais extremada odiosidade dos privilegiados.

Eu o vejo com seus quarenta companheiros, armas nas mãos, atirando para defender, não mais o Palácio de *La Moneda*, bombardeado e em chamas, mas a dignidade do povo chileno e a coerência de sua liderança revolucionária. Ouço sua última proclamação como se eu estivesse ali, a seu lado.

Assim se escreve a primeira página desta história. Meu povo e a América escreverão o resto.

Escrevo perplexo e apaixonado. Como não se emocionar perante os quadros desta tragédia? O companheiro presidente, sangrando, abatido primeiro por tiros no estômago e no peito, depois crivado de balas. Como não se comover ante a última homenagem dos companheiros que sentam Allende, morto, na cadeira presidencial, impõem em seu peito a faixa presidencial simbólica de seu mandato constitucional e o envolvem na bandeira chilena para voltarem, em seguida, ao combate sem esperança? Como não reconstituir, em espanto, a marcha fúnebre, realizada secretamente, com a família acompanhando em silêncio, sob a mira de fuzis, um féretro lacrado para esconder o crime hediondo?

Não escrevo para lamentar. Escrevo buscando ser digno de Allende. Escrevo para dar aqui minha visão de nossos erros — nós, as esquerdas —, que permitiram ao imperialismo esta nova vitória sobre nós. Minha preocupação é bradar contra novos erros fatais que estreitem ainda mais esta nossa América, cada vez menos nossa. Bem sei — todos sabemos — que não foi a esquerda com seus erros quem urdiu a conspiração e articulou o golpe que derrubou o governo da Unidade Popular. Mas sei também — sabemos todos? — que nesta derrota temos culpas que precisam ser analisadas e meditadas.

Por todas essas razões, ninguém espere de mim uma análise fria, nem benevolências com quem quer que seja. Eu, como todos os latino--americanos que de fato o sejam, estou chocado até a última fibra pela tragédia chilena; pela visão dos companheiros que continuam sendo massacrados; pela imagem do povo chileno encurralado e submetido a uma ditadura feroz. Mas o que sinto é sobretudo o desafio de compreender por que fomos derrotados também ali, onde parecia haver tantas chances de vitória.

Conheci Salvador Allende em 1964, quando ele nos foi visitar, a João Goulart e a seus ex-ministros, exilados no Uruguai. Sempre me recordarei das longas conversas que tivemos então. Recordo, sobretudo, o deslumbramento com que ouvi — eu era, então, um provinciano brasileiro, que só depois aprenderia a ser latino-americano — a lucidez e a paixão com que ele analisava e avaliava nosso fracasso.

Foi como uma imensa montanha desmoronando a nossa frente, abrindo um vazio enorme. Insubstituível.

Através de suas palavras, percebi, pela primeira vez claramente, as dimensões continentais e mundiais do nosso fracasso e o seu terrível impacto sobre a luta de liberação da América Latina.

Vi-o, depois, muitas vezes, principalmente quando passei a viver no Chile, pouco antes de ele assumir a presidência. Fui por quase dois anos, com Joan Garcez, um dos colaboradores que com ele estudava a situação política, analisava alternativas de ação e preparava notas

GENTIDADES

inspiradas em seu pensamento. Saí do Chile faz um ano — chamado para as tarefas que me ocupam agora no Peru — mas cada vez que voltei para visitá-lo, ele me fez sentir generosamente seu apreço. Falávamos durante horas que para mim eram de ensinamento e de viva percepção da lucidez do Allende estadista que, frente a uma rota pioneira, abria seu caminho com tino, ousadia e coragem.

Meu sentimento sempre foi — e o é, ainda mais, agora — o de que Allende, no plano ideológico, era um homem só, sem ajuda. Incompreendido. Mesmo os chilenos mais próximos dele se surpreendiam a cada dia com a grandeza do homem que os incitava e comandava. Não lhes era fácil substituir a imagem corrente do senador, tantas vezes candidato à presidência, pela figura do estadista que nele reconheciam agora, surpresos e às vezes duvidosos. Mais difícil ainda, para muitos, era aceitar a sua liderança de estadista, dentro de um processo político, quando o que aspiravam na realidade era a um comandante à frente de um grupo de ação direta.

Aquele homem sozinho encabeçava, delineava e dirigia o processo mais generoso e complexo do mundo moderno, elevando o Chile a alturas incomparáveis de criatividade teórica e a impensáveis ousadias de repensar tudo o que as esquerdas tinham como dogmas. Sua tarefa era nada menos que abrir uma rota nova — evolutiva — ao socialismo. Uma tarefa só comparável à de Lênine, quando, fustigando o seu velho amigo Kautsky, reivindicava o direito e o dever de tentar a edificação do socialismo na Rússia atrasada, em lugar de esperar a tantas vezes anunciada revolução alemã ou inglesa. Essa revolução que jamais ocorreu, mas que a Kautsky e a outros "renegados" parecia melhor corresponder às previsões de Marx sobre o socialismo maduro que superaria e transcenderia um capitalismo plenamente desenvolvido. A revolução concreta, viável, pensavam Lênine e Trotsky, era aquela, a da Rússia do atraso, na qual o socialismo seria chamado a promover o desenvolvimento que o capitalismo fora incapaz de alcançar, para ali criar as bases de expansão da revolução mundial. E assim foi: sem a URSS, o milênio hitlerista da burguesia alemã no umbral do desespero haveria degradado o humano até o limite último da iniquidade.

Allende, por um acidente na história, teve que reviver o mesmo destino pioneiro, quando foi chamado a conceber e a concretizar a segunda via ao socialismo. Aquela que deveria ter ocorrido na França ou na Itália com seus enormes, frouxos e coniventes partidos de esquerda, mas que se abria no Chile do cobre cativo, dentro desta América Latina subjugada.

Para essa gigantesca tarefa político-ideológica, Allende estava só. Para uns, os ortodoxos, a via chilena era uma espécie de armadilha da história que punha em risco conquistas e seguranças duramente conquistadas em décadas de lutas. Apesar disso, foram eles os que melhor compreenderam o processo em sua especificidade e os que mais ajudaram, tanto a realizar suas potencialidades, como a reconhecer suas limitações. Mas isso é dizer muito pouco ainda quando, na realidade, os comunistas chilenos foram o único apoio sólido e seguro com que Allende contou em seus três anos de luta.

Para outros, os desvairados, não existia nenhuma via chilena. Na cegueira de seus olhos cegados por esquemas formalistas e no sectarismo de sua disposição unívoca para um voluntarismo, tão heroico quanto ineficaz, eles só queriam converter o Chile em Cuba, concebida como o único modelo possível de ação revolucionária. Além de visivelmente inaplicável às circunstâncias chilenas, o modelo que tinham em mente não era mais que uma má leitura teórica da experiência cubana. E, como tal, inaplicável em qualquer parte, porque só via nela a ação armada, fechando os olhos à complexa conjuntura política dentro da qual a ação guerrilheira teve ali, e só ali, lugar e eficácia.

Alienados por essa visão paranoica, negaram, de fato, seu concurso ao processo que Allende comandava e criaram seus primeiros problemas internos. A certa altura, em sua sofreguidão por atuar a qualquer custo *aprofundando o* processo, converteram-se em provocadores. Tendo uma linha de ação mais etnológica que política, fizeram-se eficazes agitadores dos reclamos seculares dos indígenas Mapuche, conduzindo-os a invasões antes que a Reforma Agrária em curso atendesse as suas reivindicações. Mais tarde, com a mesma postura alucinada, passaram a agitar núcleos marginais urbanos. Criaram, assim, crescentes áreas de atrito com a legalidade, cuja defesa era a própria condição de levar adiante, com êxito, o processo chileno, numa conjuntura de dualidade de poder.

Sua alucinação, comum a tantos grupos ultristas de toda parte, só é comparável à alienação religiosa de que falam os clássicos. Assim como esta impede de ver o mundo real porque só tem olhos para ver demônios e santos em ação sobre os homens, o desvario ultrista é também uma alienação que impossibilita ver a realidade porque interpõe, entre ela e o observador, dogmas e esquemas chamados marxistas mas que desesperariam a Marx.

Os socialistas, membros de um partido eleitoreiro, viviam do antigo, renovado e crescente prestígio popular de Allende: mas, vazios de uma ideologia própria, passaram a funcionar como uma caixa de ressonância dos desvairados, criando com o seu radicalismo verbal e sua inflexibilidade tática os maiores obstáculos à política do governo. De fato, a maioria de suas facções atuou mais contra Allende — através de denúncias despropositadas, de exigências infantis e de propostas provocativas — que contra o inimigo, jamais reconhecendo o caráter gradualista do processo chileno ou ajustando-se a seus requisitos específicos. Entregues a disputas estéreis com os comunistas, os socialistas punham nelas mais energias que na luta concreta contra o inimigo comum.

Ultristas e socialistas pareciam mancomunados para negar, por sectarismo e cegueira, a Allende, a flexibilidade tática que houvera aberto os horizontes de ação política indispensáveis para fazer frente à contrarrevolução e à sedição militar. Assim, suas ações, em lugar de frear uma escalada que só servia ao inimigo desesperado, forçava sua intensificação nas áreas e nos setores mais inadequados. Facilitavam desse modo a atividade contrarrevolucionária que progredia em todos os campos e a sedição militar que Allende buscava frustrar com o apoio dos oficiais fiéis à ordem constitucional.

O mais doloroso da minha experiência chilena foi ver a solidão de Allende. Onde estavam, entre tantos "teóricos", os efetivamente capazes de ajudá-lo a definir os requisitos específicos de concretização da via chilena? Onde estavam, entre tantos marxólogos e politicólogos, tão falantes, os de fato capacitados para diagnosticar os problemas concretos e formular soluções praticáveis? Onde, entre tantos esquerdistas facciosos, os quadros indispensáveis para levar à prática, nas bases, as palavras de ordem de Allende?

Doloroso também foi ver muitos dos chamados "melhores revolucionários" — por sua generosa disposição de entregar-se às balas em atos de voluntarismo heroico — negarem-se, de fato, a dar apoio militante ao processo concreto que diariamente Allende levava adiante.

O que vi foram muitos dos "melhores teóricos" — porque haviam lido e escrito mais esta tolice exegética que se autodenomina marxismo de vanguarda — vagando pelo Chile como se estivessem na lua, incapazes de perceber e de entender o processo revolucionário que tinham diante deles, porque para seus olhos cegos tratava-se de um mero "reformismo".

Uns e outros — os quadros voluntaristas e seus "melhores teóricos" — exorcizavam mais que combatiam, em atos mais simbólicos que concretos, e se alimentavam reciprocamente com suas provocações e seu palavreado. De fato, se negavam às tarefas da história concreta que protagonizavam a seu pesar, suspirando por uma revolução de quimera que algum dia cairia sobre suas cabeças.

É certo que houve muitas exceções. Aqueles que, a partir de uma experiência livresca, transcendendo-a, se entregaram à luta unitária. A eles e à sua capacidade política se deve o vigor extraordinário que o processo chileno chegou a alcançar. Por um lado, sob a forma de um gigantesco movimento de massas que por largo tempo enfrentou e paralisou as manobras fascistas. Por outro lado, sob a forma de lutas políticas elevadas a um nível sem precedentes que, apesar das condições adversas, ganharam para a Unidade Popular apoio da maioria da população, opondo cruamente o povo aos privilegiados em sucessivos enfrentamentos eleitorais.

O que se via em conjunto era Allende fustigado pelas esquerdas alienadas, lutando contra uma direita que, sentindo-se ferida de morte, alcançou uma lucidez desesperada. Ao verificar que não poderia sobreviver a mais dois anos de governo da Unidade Popular, toda a direita se articulou e se dispôs a fazer tudo para derrubar Allende, a começar pela quebra da própria institucionalidade que servia ao sistema.

As esquerdas desvairadas jamais avaliaram objetivamente essa situação. Sua radicalidade não se fundava sequer em esquemas inspirados nos textos referentes aos momentos mais cruentos da luta revolucionária. Nenhum revolucionário consciente provocaria a direita, buscando radicalizar o processo político, sem haver preparado previamente os trabalhadores e o povo para conduzi-los ao confronto com a reação, com possibilidade de vitória, numa convulsão social generalizada. Era tão somente um esquerdismo voluntarista que vendo-se contido na sua propensão radicalizadora afastava seus quadros, e toda a esquerda que podiam influenciar, da participação nas lutas políticas concretas que se travaram por três anos. Em consequência, não há como negar que a radicalização ultrista da esquerda, somada ao terrorismo da direita, confluíram em benefício da contrarrevolução em marcha. Esta, orquestrada por um comando interno unitário, desde o ponto de vista político e militar, e apoiada externamente por agentes provocadores e por assessores recrutados pelo governo norte-americano e custeados pelas empresas multinacionais, ganha forças até explodir o quadro institucional chileno.

Desde o primeiro momento, Allende percebeu com toda lucidez que eram falsos ou que não se aplicavam à via chilena alguns dos célebres dogmas das esquerdas desvairadas. Entre eles o de que se avança para o socialismo exclusivamente pela luta armada; o de que o socialismo se constrói sobre o caos econômico; e o de que é necessário derrubar primeiro toda a legalidade "burguesa" para abrir caminho para o socialismo.

O primeiro desses dogmas pressupunha a convicção de que entre o *status quo* e o socialismo estaria uma vitória militar sobre as forças armadas. Allende sabia que não podia enfrentá-las diretamente, e as via com maior objetividade. Primeiro, como uma burocracia tão disciplinada e hierarquizada que poderia, talvez, ser submetida aos poderes institucionais se se mantivesse a ordem constitucional. Segundo, como uma instituição eminentemente política, com tendências fascistas — por lealdades classistas, por sua constituição gerontocrática e seu doutrinamento antirrevolucionário —, mas suscetível de ser ganha ou anulada politicamente pela ação disciplinada do povo organizado dentro de um movimento ao socialismo em democracia, pluralismo e liberdade.

À luz dessa concepção, ele supunha que, se o processo chileno fosse bem conduzido, o braço armado da velha ordem privatista ou parcelas ponderáveis dele poderiam converter-se em custódios de uma nova ordem solidária. Para tanto era indispensável, porém, que os militares não se sentissem ameaçados em sua sobrevivência institucional, nem prejudicados em suas regalias. "Sofrerão crises histéricas na transição" — dizia Allende, que concebia essas crises como motins e golpes — "mas, se estas forem superadas, eles poderão ser a garantia da transição pacífica ao socialismo". Confiava também em que poderia, provavelmente, controlar esses levantes, se alguns corpos de tropa se mantivessem fiéis à legalidade institucional e se muitos militares fossem chamados a participar ativamente nas tarefas técnicas do desenvolvimento nacional, que, por seu caráter generoso e solidário, poderiam ganhar seu apoio político. Mas ele acentuava sobretudo que para tanto era indispensável demonstrar veementemente aos militares que não se repetiria no Chile o que acontecera a Vargas em 1954, a Perón em 1955, a Goulart em 1964, os quais, frente à alternativa de uma convulsão social generalizada capaz de desencadear uma guerra civil, preferiram cair a lutar.

Allende atuou sempre, até o fim, com fidelidade a essa concepção. Manteve o poder durante os três anos, com as Forças Armadas exercendo sua função de mantenedora da segurança do Estado na repressão ao terrorismo de direita. Paralelamente, chamava o povo à defesa das conquistas do governo da Unidade Popular. Essas duas posições aparentemente contrapostas puderam, contudo, ser levadas à prática simultaneamente em diversas ocasiões.

Assim, por longo tempo, Allende dissuadiu os militares golpistas de levar à prática sua conspiração, pela certeza que lhes infundiu de que um golpe conduziria o país a uma guerra civil na qual tudo o que eram e tinham seria posto em jogo. Dessa forma, pôde convocar generais para integrar ministérios, não porque tivessem afinidades com a orientação política do governo, mas em cumprimento de estritas ordens ditadas em nome da segurança do Estado. Dessa forma pôde contar também com o apoio de muitos oficiais; uma minoria é certo, mas uma minoria que certamente cresceria se o processo político não se radicalizasse, facilitando a sedição dos militares chilenos pelos agentes norte-americanos.

O momento mais alto talvez dessa integração entre o governo da Unidade Popular e os militares foi quando Allende tentou e conseguiu, em sua viagem à Argentina, que Lanusse, ao invés de ir diretamente ao Brasil, fosse primeiro ao Chile. Isso significou não só uma derrota da política de fronteiras ideológicas, mas também uma vitória do direito dos latino-americanos ao pluralismo ideológico e uma enorme façanha militar. De fato, com a dissensão representada pela visita do presidente argentino, Allende demonstrou aos generais que, através de sua ação política, melhor se garantiria o esfriamento das fronteiras do que por qualquer via armamentista e, principalmente, que um poder socialista não tinha por que enfraquecer a segurança nacional.

Entretanto, para prosseguir nesse controle institucional das Forças Armadas, seria necessário preencher um requisito indispensável: o de que Allende tivesse, efetivamente, o comando unificado sobre as esquerdas militantes e as pusesse em ação dentro do processo de transição pacífica ao socialismo. Isso ele jamais conseguiu. Os atos desesperados da esquerda desvairada, somados à inércia e à demagogia dos confusos líderes socialistas, contribuíram para minar essas condições, facilitando assim a conspiração de uma direita unida, francamente entregue à contrarrevolução, e para isso apoiada internacionalmente através de toda ordem de sabotagens econômicas e financeiras, articuladas e desencadeadas com rigor científico para inviabilizar seu governo.

Nessas condições, as lideranças democratas cristãs, aliadas à extrema direita, fizeram do Parlamento um órgão de provocação, chantagem e bloqueio ao Poder Executivo; ao mesmo tempo que as altas hierarquias do poder judiciário questionavam a legalidade dos atos do governo. Simultaneamente seus aparelhos ideológicos levavam as camadas médias ao desespero, pelo terror de perder não o que tinham — que era bem pouco — mas suas esperanças de enriquecimento e prestígio que, segundo se dizia, em um regime socialista lhes seriam completamente negadas.

Por outro lado, guiada por provocadores profissionais, se ativou a *lumpenburguesia* dos cem mil microempresários, caminhoneiros, feirantes etc., e a enorme massa marginal sob seu controle, para toda espécie de ações subversivas e de sabotagem contra o governo. Aparentemente, tratava-se de setores desorganizados e impotentes frente ao forte apoio operário da UP. Na realidade, incitados por agentes provocadores dispostos a qualquer tipo de ação terrorista, subornados pelos monopolistas que montaram o *desabastecimento* e coordenaram o mercado negro, eles conduziram por duas vezes o país à paralisia. Na primeira, foram contidos pelas Forças Armadas, atuando juntamente com as organizações populares. Na segunda, prepararam o desastre final porque a conspiração militar já havia desarticulado o aparato repressivo do Estado e as organizações populares, confundidas pelos comandos radicais, já não tinham condições de atuar.

Outra convicção das esquerdas desvairadas que Allende negava era a de que se constrói o socialismo sobre o caos econômico total, partindo de um comunismo de guerra para uma posterior reorganização institucional da sociedade em novas bases. Também essa estratégia, dizia ele, era inaplicável ao Chile, além de não ser necessária. A política econômica de Pedro Vuskovic — baseada mais no uso prático dos poderes do sistema administrativo preexistente do que na conquista prévia de uma impossível legislação socialista — revelou-se de fato muito mais eficaz do que se podia prever. Grandes conquistas foram alcançadas dentro do quadro geral da antiga institucionalidade, aplicando-a em sentido oposto. Mediante o apelo a velhos instrumentos legais de dominação classista, se conseguiu não só conter o privatismo, como também avançar alguns passos na construção das bases de uma economia coletivista.

É certo que, em seu limite, a coalizão da maioria parlamentar centro-direitista com o Poder Judiciário, arguindo a ilegalidade do regime para debilitar a autoridade de Allende, como comandante em chefe das Forças Armadas; assim como a ação mancomunada dos políticos e empresários com autoridades financeiras internacionais para provocar o colapso econômico, criaram condições para a insurreição incontível. Muitos outros fatores, no entanto, além das acusações de "legalismo" ou "reformismo" por parte da esquerda, se conjugaram para isso. Entre eles a indisciplina das próprias esquerdas que contribuiu ponderavelmente para corroer o poder de comando do governo, o moral das organizações populares, o poderio dos sindicatos e a ação da oficialidade fiel ao regime constitucional.

Há muito que aprender dessa experiência única de repensar com originalidade os princípios da política econômica para conduzir um processo de transição ao socialismo, dentro da institucionalidade vigente. Entre suas vitórias estão: a de haver acabado com o desemprego; a elevação substancial do padrão de vida das camadas mais pobres; o aumento ponderável da produtividade industrial; a ativação da reforma agrária; a imposição do controle estatal sobre os bancos privados e o comércio exterior; a socialização das empresas-chave; e, sobretudo, a recuperação para os chilenos das riquezas nacionais, começando pelo cobre, sujeito desde sempre às mãos estrangeiras.

Em três anos, Allende conseguiu mais por essa via do que qualquer revolução socialista em igual período. Por isso é que, mesmo sendo governo, ganhou eleições, o que jamais havia ocorrido no Chile.

Mas também levou ao desespero os privilegiados, desafiando-os a promover a contrarrevolução como único modo de garantir a sua sobrevivência como classe hegemônica. Para isso, eles atuaram principalmente sobre os militares e sobre as classes médias cuja aliança lhes garantiria a vitória.

Convém recordar aqui que Allende fez o possível para dissuadir as camadas médias, sobretudo os militares e os profissionais liberais, de se entregarem à sedição. Sem dúvida, o caráter do processo, sua marcha gradativa mas inflexível para o socialismo dificultava o aliciamento. Uma por uma, as instituições representativas dessas camadas — os grêmios de empresários médios, os colégios de profissionais, as federações estudantis de nível médio, os universitários — foram se entregando à contrarrevolução.

Frente a essa radicalização teria sido indispensável contar com toda a capacidade de ação de uma esquerda unitária para vencer a contrarrevolução em marcha. Isso, devido à dualidade efetiva do poder em que amplos setores do legislativo e do judiciário identificados com as elites se opunham ao executivo, foi ficando impossível. Como tratar com mãos duras os açambarcadores e especuladores? Como reprimir severamente o terrorismo dos grupos fascistas? Corno limpar o meio financeiro do capital aventureiro que, fora dos bancos, especulava livremente?

Combater ao mesmo tempo em todas essas áreas tornou-se politicamente impraticável, desde que a Democracia Cristã, jogando com a inflação, o colapso econômico e o golpe, negava tudo ao governo no Parlamento e nos tribunais, e se fazia surda às denúncias de Allende sobre a marcha do golpe contra a democracia e as instituições que ela pretensamente defendia. Teria sido igualmente indispensável impor um racionamento a cargo das Forças Armadas, o que encontrava oposição até das esquerdas radicais, que esperavam também jogar com o desabastecimento como técnica de controle político dos subúrbios de Santiago.

Teria sido indispensável também alcançar maior ajuda internacional do que a que teve Allende, para enfrentar o cerco econômico externo que, boicotando exportações chilenas e atuando sobre os bancos estrangeiros para pressionar o Chile a pagar imediatamente a astronômica dívida externa herdada do governo de Freire, criou as maiores dificuldades econômicas para o governo popular.

Não se pode esquecer a flagrante contradição entre a avaliação imperialista do processo chileno como de importância transcendental e sua subavaliação pelas potências socialistas. Afora os cubanos que fizeram o impossível para compreender e ajudar Allende — reduzindo inclusive as suas rações alimentícias para doar açúcar e outros gêneros aos chilenos — foi pior do que medíocre o apoio socialista no campo econômico, que era o único requerido.

Sob essas pressões adversas e das greves desastrosas que se desencadearam na mineração do cobre, a política econômica de Allende, que permitira inicialmente alcançar enormes vitórias na luta para desmontar as bases da ordem privatista, terminou por sucumbir, desbaratada por uma inflação galopante. Quer dizer, a economia fez o possível para sustentar a política da Unidade Popular; mas quando necessitou de medidas políticas para seguir adiante, estas não lhe foram dadas.

Allende sempre soube que lutava no "fio da navalha", que seu esforço no sentido de encontrar o caminho da transição evolutiva para o socialismo envolvia uma margem de risco que ele tinha de aceitar. Recusar esses riscos seria cair em conchavos parlamentares que desnaturalizariam o processo chileno como via para o socialismo; ou em aventurismos voluntaristas que teriam provocado sua queda muito antes. A dura verdade é que só quem aceita a ameaça sempre possível de um erro fatal chega a acertar em intentos ousados e grandiosos como o de Allende. O resultado no Chile foi o desastre e o retrocesso que hoje lamentamos. Poderia ter sido outro — a vitória. A antevisão da evidência dessa possibilidade foi a causa da unificação do centro e da direita na sedição.

Este artigo é uma incitação para que meditemos sobre esta lição com o devido respeito por sua grandeza e com a coragem necessária à autocrítica. Todos nós, as esquerdas da América Latina e do mundo, fomos derrotados no Chile. Cada um de nós tem, consequentemente, a sua autocrítica a fazer, tanto pelo que fizemos de danoso ao processo chileno, como pelo que deixamos de fazer em seu apoio. Acusar apenas ao inimigo que nos venceu pela enumeração minuciosa de seus atos apenas reitera a convicção generalizada sobre sua eficiência. Nossa tarefa é vencê-lo.

O que não pode ser posto em dúvida é que Allende explorou até os últimos limites as possibilidades que a história abriu aos chilenos de edificar o socialismo em democracia, pluralismo e liberdade. E que a Unidade Popular teve possibilidades de vitória com respeito às quais a direita chilena e o imperialismo jamais duvidaram. Sua lição é ter nos indicado um caminho duro e difícil. Um caminho que exigirá, amanhã, dos que o retomarem, a mesma lucidez, inteireza, retitude e coragem com que Allende marchou para ele até a morte, com o propósito de, sobre sua derrota, abrir uma via vitoriosa ao socialismo. A via evolutiva, participatória, pluralista, parlamentar e democrática, apesar de tão dificultosa, é a mais praticável em muitas conjunturas no mundo de hoje.

Com Che Guevara a história nos deu o herói-mártir do voluntarismo revolucionário que dignificou a imagem desgastada das lideranças da velha esquerda ortodoxa. Com Allende, a história nos dá o estadista combatente que chega à morte lutando, em seu esforço por abrir aos homens uma nova porta para o futuro, um acesso ao socialismo libertário que pode e que deve ser.

Ele será o inspirador dos que terão futuramente que lutar pelo socialismo, sob oposição parlamentar e debaixo do risco de um golpe

SALVADOR ALLENDE E A ESQUERDA DESVAIRADA

militar. Oxalá, onde e quando isso ocorra, exista uma esquerda por fim politicamente madura e dessacralizada de dogmatismos, tão combativa quanto lúcida e sobretudo capacitada para ver objetivamente a situação em que atua e para aceitar e enfrentar as tarefas que a história lhe proponha.

D. R. — Lima, setembro, 1973.

VIDA E OBRA DE DARCY RIBEIRO

1922
- Nasce na cidade de Montes Claros, estado de Minas Gerais, a 26 de outubro, filho de Reginaldo Ribeiro dos Santos e de Josefina Augusta da Silveira Ribeiro.

1939
- Começa a cursar a Faculdade de Medicina de Belo Horizonte. Nesse período, inicia a militância pelo Partido Comunista do Brasil (PCB), do qual se afastaria nos anos seguintes.

1942
- Recebe uma bolsa de estudos para estudar na Escola de Sociologia e Política de São Paulo. Deixa o curso de Medicina e segue para a capital paulista.

1946
- Licencia-se em Ciências Sociais pela Escola de Sociologia e Política de São Paulo, especializando-se em Etnologia, sob a orientação de Herbert Baldus.

1947
- Ingressa no Serviço de Proteção aos Índios, onde conhece e colabora com Cândido Mariano da Silva Rondon, o Marechal Rondon, então presidente do Conselho Nacional de Proteção aos Índios. Realiza estudos etnológicos de campo entre 1947 e 1956, principalmente com os índios Kadiwéu, do estado de Mato Grosso, Kaapor, da Amazônia, diversas tribos do Alto Xingu, no Brasil Central, bem como entre os

Karajá, da Ilha do Bananal, em Tocantins, e os Kaingang e Xokleng, dos estados do Paraná e Santa Catarina, respectivamente.

1948

- Em maio, casa-se com a romena Berta Gleizer.
- Publica o ensaio "Sistema familial Kadiwéu".

1950

- Publica *Religião e mitologia Kadiwéu*.

1951

- Publica os ensaios "Arte Kadiwéu", "Notícia dos Ofaié-Xavante" e "Atividades científicas da Seção de Estudos do Serviço de Proteção aos Índios".

1953

- Assume a direção da Seção de Estudos do Serviço de Proteção aos Índios.

1954

- Organiza o Museu do Índio, no Rio de Janeiro (rua Mata Machado, s/nº), que dirige até 1957. Ao lado dos irmãos Orlando e Cláudio Villas-Bôas, elabora o plano de criação do Parque Indígena do Xingu, no Brasil Central. Escreve o capítulo referente à educação e à integração das populações indígenas da Amazônia na sociedade nacional, da Superintendência do Plano de Valorização Econômica da Amazônia (SPVEA).
- Publica o ensaio "Os índios Urubu".

1955

- Organiza e dirige o primeiro curso de pós-graduação em Antropologia Cultural no Brasil para a formação de pesquisadores (1955-1956). Sob sua orientação, o Museu do Índio produz diversos documentários sobre a vida dos índios Kaapor, Bororo e do Xingu. Assume a cadeira de Etnografia Brasileira e Língua da Faculdade de Filosofia, Ciências e Letras da Universidade do Brasil, no Rio de Janeiro, função que exerce como professor contratado (1955-1956) e como regente da cátedra (1957-1961). Licenciado em 1962, é exonerado em 1964, com a cassação dos seus direitos políticos pela ditadura militar, e retorna à universidade somente em 1980, já com o nome de Universidade Federal do Rio de Janeiro (UFRJ). Por incumbência do Departamento de Ciências Sociais da Unesco, realiza um estudo de campo e de gabinete sobre o processo de integração das populações indígenas no Brasil moderno.
- Publica o ensaio "The Museum of the Indian".

1956

- Realiza estudos sobre os problemas de integração das populações indígenas no Brasil para a Organização Internacional do Trabalho (OIT).
- Publica o ensaio "Convívio e contaminação: defeitos dissociativos da população provocada por epidemias em grupos indígenas".

1957

- É nomeado diretor da Divisão de Estudos Sociais do Centro Brasileiro de Pesquisas Educacionais (1957-1959) do Ministério da Educação e Cultura (MEC).
- Publica os ensaios "Culturas e línguas indígenas do Brasil" e "Uirá vai ao encontro de Maíra: as experiências de um índio que saiu à procura de Deus" e o livro *Arte plumária dos índios Kaapor* (coautoria de Berta Ribeiro).

1958

- Empreende um programa de pesquisas sociológicas, antropológicas e educacionais destinado a estudar catorze comunidades brasileiras representativas da vida provinciana e urbana nas principais regiões do país. É eleito presidente da Associação Brasileira de Antropologia, exercendo o cargo entre os anos de 1958 e 1960.
- Publica os ensaios "Cândido Mariano da Silva Rondon", "O indigenista Rondon" e "O programa de pesquisas em cidades-laboratório".

1959

- Participa, com Anísio Teixeira, da campanha de difusão da escola pública frente ao Congresso Nacional, que elaborava a Lei de Diretrizes e Bases da Educação Nacional.
- Publica o ensaio "A obra indigenista de Rondon".

1960

- É encarregado pelo governo Juscelino Kubitschek de coordenar o planejamento da Universidade de Brasília (UnB). Organiza, para isso, uma equipe de uma centena de cientistas e pensadores.
- Publica os ensaios "Anísio Teixeira, pensador e homem de ação", "A universidade e a nação", "A Universidade de Brasília" e "Un concepto de integración social".

1961

- É nomeado diretor da Comissão de Estudos de Estruturação da Universidade de Brasília por Jânio Quadros.

1962

- Toma posse como o primeiro reitor da Universidade de Brasília, cargo que exerce até 1963. É eleito presidente do Centro Brasileiro de Pesquisas Físicas. Assume como ministro da Educação e Cultura do

Gabinete Parlamentarista do primeiro-ministro Hermes Lima.
• Publica o ensaio "A política indigenista brasileira".

1963

• Exerce a chefia da Casa Civil do presidente João Goulart, até 31 de março de 1964, quando se exila no Uruguai devido ao golpe militar.

1964

• Exerce, até setembro de 1968, o cargo de professor de Antropologia em regime de dedicação exclusiva da Faculdade de Humanidades e Ciências da Universidade da República Oriental do Uruguai.

1965

• Publica o ensaio "La universidad latinoamericana y el desarrollo social".

1967

• Dirige o Seminário sobre Estruturas Universitárias, organizado pela Comissão de Cultura da Universidade da República Oriental do Uruguai.
• Publica o livro *A universidade necessária*.

1968

• Recebe o título de Doutor *Honoris Causa* pela Universidade da República Oriental do Uruguai. Retorna ao Brasil em setembro por ter sido anulado, pelo Supremo Tribunal Militar, o processo que lhe havia sido imposto pelo tribunal militar. Com o Ato Institucional nº 5 do regime militar brasileiro, é preso em 13 de dezembro.
• Publica os ensaios "La universidad latinoamericana" e "Política de desarrollo autónomo de la universidad" e o livro *O processo civilizatório: etapas da evolução sociocultural* (Série Estudos de Antropologia da Civilização).

1969

- Julgado por um tribunal militar, é absolvido por unanimidade a 18 de setembro, em sentença confirmada pelo Superior Tribunal Militar. É aconselhado a retirar-se novamente do país. Fixa-se em Caracas, sendo então contratado pela Universidade Central da Venezuela para dirigir um seminário interdisciplinar de Ciências Humanas, destinado a professores universitários e estudantes pós-graduados, e para coordenar um grupo de trabalho dedicado a estudar a renovação da Universidade.
- A revista *Current Anthropology* promove um debate internacional sobre seu livro *The Civilizational Process* e seu ensaio "Culture-Historical Configurations of the American People".

1970

- Participa do 39º Congresso Internacional de Americanistas, realizado em Lima, Peru, em agosto, como coordenador do seminário Formação e Processo das Sociedades Americanas, no qual apresenta o trabalho "Configurações Histórico-Culturais dos Povos Americanos", que publicaria no mesmo ano. Conclui seus estudos dos sistemas universitários, publicados em *La universidad latinoamericana*. A convite da Universidade Nacional da Colômbia, integra, em setembro, um grupo de peritos em problemas universitários que realiza um seminário em Bogotá para debater os aspectos acadêmicos da universidade: políticas, programas, estrutura.
- Publica os livros *Propuestas acerca de la renovación* e *Os índios e a civilização: a integração das populações indígenas no Brasil moderno* (Série Estudos de Antropologia da Civilização).

1971

- Prepara, a pedido da Divisão de Estudos das Culturas da Unesco, a introdução geral à obra *América Latina em sua arquitetura*. Participa de um congresso sobre o problema indígena, realizado em Barbados, sob os auspícios do Conselho Mundial de Igrejas, e colabora como um dos redatores da Declaração de Barbados sobre etnocídio dos índios. Participa do Colóquio Internacional sobre o Ensino das Ciências Sociais, realizado em Argel, apresentando trabalho em colaboração com Heron de Alencar. Em julho, convidado pelo Atheneo de Caracas, ministra uma série de seis palestras sobre Teoria da Cultura, resumidas em quatro conferências na Universidade de Los Andes, Mérida, Venezuela.

• Publica o livro *O dilema da América Latina: estruturas de poder e forças insurgentes* (Série Estudos de Antropologia da Civilização).

1972

• Em janeiro, com Oscar Varsavsky, Amílcar Herrera e um grupo de educadores do Conselho Nacional da Universidade Peruana, prepara um plano de reestruturação do sistema universitário peruano. Participa da II Conferência Latino-Americana de Difusão Cultural e Extensão Universitária, promovida em fevereiro, no México, pela União das Universidades Latino-Americanas (Udual), apresentando o trabalho "¿Qué integración latinoamericana?". Em abril, volta a Lima para reunião do Conselho Nacional da Universidade Peruana (Conup) e escreve, em seguida, o estudo "La universidad peruana". Radica-se em Lima, Peru, onde planeja, organiza e passa a dirigir o Centro de Estudos de Participação Popular, financiado pelo Programa das Nações Unidas para o Desenvolvimento (Pnud), pela Organização Internacional do Trabalho (OIT) e por sua contraparte peruana, o Sistema Nacional de Mobilização Social (Sinamos). Por solicitação do Ministério de Educação e Pesquisa Científica da República da Argélia, elabora o projeto de estruturação da Universidade de Ciências Humanas de Argel, que conta com um projeto arquitetônico de Oscar Niemeyer. Entre junho e julho, assina, em Genebra, um contrato com a OIT para dirigir o projeto Pnud-OIT Per 71.550. Posteriormente, segue para Belgrado, Paris e Madri para visitar e estudar cooperativas e sistemas de participação. Em setembro é contratado como professor visitante do Instituto de Estudos Internacionais da Universidade do Chile e fixa residência em Santiago.

• Publica os ensaios "Civilización y criatividad" e "¿Qué integración latinoamericana?" e o livro *Os brasileiros: teoria do Brasil*.

1973

• Viaja ao Equador para participar de um programa de estudos do Centro Nacional do Planejamento e de seminários nas universidades.

• Publica o ensaio "Etnicidade, indigenato e campesinato" e o livro *La universidad nueva, un proyecto*.

1974

• Participa, em agosto, do 41º Congresso Internacional de Americanistas, realizado no México, dirigindo um seminário sobre o problema indígena. Em outubro, participa do Ciclo de Conferências nas Universidades do Porto, de Lisboa e de Coimbra, sobre reforma universitária. Em dezembro, regressa ao Brasil para tratamento médico, pondo fim ao seu exílio político.

• Separa-se de Berta Ribeiro.

• Publica o ensaio "Rethinking the University" e os livros *Uirá sai à procura de Deus: ensaios de etnologia e indigenismo* e *La universidad peruana*.

1975

• Reassume, em junho, a direção do Centro de Estudos de Participação Popular, em Lima.

• Em outubro, participa da comissão organizada pelo Pnud para planejar a Universidade do Terceiro Mundo, no México.

VIDA E OBRA DE DARCY RIBEIRO

• Publica o ensaio "Tipologia política latino-americana" e o livro *Configurações histórico-culturais dos povos americanos*.

1976

• Participa do Seminário de Integração Étnica do Congresso Internacional de Ciências Humanas na Ásia, África e América, organizado pelo Colégio do México e realizado na Cidade do México, em agosto. Preside um simpósio sobre o problema indígena, realizado em Paris, em setembro, pelo Congresso Internacional de Americanistas.
• Em outubro, regressa definitivamente ao Brasil.
• Publica o ensaio "Os protagonistas do drama indígena" e o livro *Maíra*, seu primeiro romance.

1977

• Participa de conferências no México e em Portugal.

1978

• Participa da campanha contra a falsa emancipação dos índios, pretendida pela ditadura militar brasileira.
• Casa-se com Claudia Zarvos.
• Publica o livro *UnB: invenção e descaminho*.

1979

• Recebe, em 13 de maio, na Sorbonne, o título de Doutor *Honoris Causa* pela Universidade de Paris IV. A coleção "Voz Viva de América Latina", da Universidade Nacional Autônoma do México (Unam), lança um disco de Darcy Ribeiro apresentado por Guillermo Bonfil Batalla. No disco, Darcy recita trechos de seu livro *Maíra*.
• Publica o livro *Sobre o óbvio: ensaios insólitos*.

1980

• Anistiado, retorna ao cargo de professor titular do Instituto de Filosofia e Ciências Sociais da Universidade Federal do Rio de Janeiro. Participa como membro do júri do 4º Tribunal Russell, que se reuniu em Roterdã, na Holanda, para julgar os crimes contra as populações indígenas das Américas. Integra a Comissão de Educadores convocada pela Unesco e que se reuniu em Paris, em novembro, para definir as linhas de desenvolvimento futuro da educação no mundo. A revista *Civilização Brasileira*, em seu volume 19, publica uma entrevista com Darcy Ribeiro sob o título: "Darcy Ribeiro fala sobre pós-graduação no Brasil". É eleito membro do Conselho Diretor da Faculdade Latino-Americana de Ciências Sociais (FLACSO).

1981

• Participa como membro da Diretoria da 1ª Reunião do Instituto Latino-Americano de Estudos Transnacionais (Ilet).
• Publica o romance *O Mulo*.

1982

• Participa do Seminário de Estudos da Amazônia da Universidade da Flórida (fevereiro-março). Visita São Francisco e Filadélfia. É recebido na Universidade de Columbia e participa da reunião da Latin American Studies Association (Lasa), em Washington. Participa, em abril, do ciclo de conferências na Universidade de Madri.
• É eleito vice-governador do estado do Rio de Janeiro.
• Publica o ensaio "A nação latino-americana" e o romance *Utopia selvagem*.

1983

• Participa dos Rencontres Internationales de la Sorbonne: Création e Développement.

VIDA E OBRA DE DARCY RIBEIRO

• Assume as funções de secretário de Estado da Secretaria Extraordinária de Ciência e Cultura e de chanceler da Universidade do Estado do Rio de Janeiro.

1984

• Como secretário extraordinário de Ciência e Cultura:

1) Planeja e coordena a construção do Sambódromo.

2) Constrói a Biblioteca Pública Estadual do Rio de Janeiro, organizada como um centro de difusão cultural baseado tanto no livro como nos modernos recursos audiovisuais, destinado a coordenar a organização e o funcionamento das bibliotecas dos Centros Integrados de Educação Pública (Ciep).

3) Organiza o Centro Infantil de Cultura do Rio, como modelo integrado de animação cultural, aberto a centenas de crianças.

4) Reedita a *Revista do Brasil*.

• Publica o ensaio "La civilización emergente" e o livro *Nossa escola é uma calamidade*.

1985

• Coordena o planejamento da reforma educacional do Rio de Janeiro e põe em funcionamento:

1) uma fábrica de escolas, destinada a construir mil unidades escolares de pequeno e médio porte;

2) a edificação de 300 Ciep para assegurar a educação, em horário integral, de 300 mil crianças.

• Organiza, no antigo prédio da Alfândega, o Museu França-Brasil (atualmente Casa França-Brasil), com a colaboração do Ministro da Cultura da França, Jack Lang.

• Publica o livro *Aos trancos e barrancos*.

1986

- Darcy licencia-se dos cargos de vice-governador e secretário de Estado para concorrer ao pleito fluminense. Deixa para o estado do Rio de Janeiro vários legados, como o Monumento a Zumbi dos Palmares, a Casa de Cultura Laura Alvim, o Restauro da Fazenda Colubandê, em São Gonçalo, e 40 atos de tombamento, incluindo 150 bens imóveis, com destaque para a Casa da Flor, a Fundição Progresso, os bondes de Santa Teresa, quilômetros de praias do litoral fluminense, a praia de Grumari, as dunas de Cabo Frio, diversos coretos públicos, a Pedra do Sal e o sítio de Santo Antônio da Bica, de Antônio Burle Marx. Cria a Casa Comunitária, um novo modelo de atendimento para milhares de crianças pobres.
- Edita, com Berta Ribeiro, o livro *Suma etnológica brasileira*, em três volumes.
- Reintegra-se ao corpo de pesquisadores do CNPq, para retomar e concluir seus Estudos de Antropologia da Civilização.
- Publica os livros *América Latina: a pátria grande* e *O livro dos Ciep*.

1987

- Assume o cargo de secretário de Estado da Secretaria de Desenvolvimento Social no estado de Minas Gerais, para programar uma reforma educacional. A convite da Universidade de Maryland (EUA), participa de um ciclo de debates sobre a realidade brasileira. Elabora a programação cultural do Memorial da América Latina, a convite do então governador de São Paulo, Orestes Quércia.

1988

- Profere conferências em Munique, Paris e Roma. Comparece à reunião anual da Tribuna Socialista em Belgrado e visita Sarajevo. Viaja a Cuba, México, Guatemala, Peru, Equador e Argentina para selecionar obras de arte para constituir o futuro acervo do Memorial da América Latina.

- Publica o romance *Migo*.

1989

- Como parte da campanha de Leonel Brizola à presidência da República do Brasil, coordena, nas capitais do país, a realização do Fórum Nacional de Debates dos Problemas Brasileiros. Participa, em Caracas, do Foro de Reforma do Estado, onde fala das Dez Mentiras sobre a América Latina. É reincorporado ao corpo docente da Universidade de Brasília, por ato ministerial proposto pela universidade. Comparece, como convidado especial, ao ato de posse do presidente Carlos Andrés Pérez, da Venezuela. Participa das jornadas de reflexão sobre a América Latina.
- Publica o ensaio "El hombre latinoamericano 500 años después".

1990

- Participa de debates internacionais na Alemanha (sobre intercâmbio cultural Norte-Sul) e na França (sobre a Amazônia e a defesa das populações indígenas). Integra o Encontro de Ensaístas Latino--Americanos, realizado em Buenos Aires. É eleito senador pelo estado do Rio de Janeiro, nas mesmas eleições que reconduziram Leonel Brizola ao governo do estado do Rio de Janeiro.
- Publica o ensaio "A pacificação dos índios Urubu-Kaapor" e os livros *Testemunho* e *O Brasil como problema*.

1991

- Licencia-se de seu mandato no Senado para assumir a Secretaria de Projetos Especiais de Educação do Governo Brizola, com a missão de promover a retomada da implantação dos Ciep (ao todo, foram inaugurados 501).

1992

- É eleito membro da Academia Brasileira de Letras, ocupando a cadeira de no 11. Elabora e inaugura a Universidade Estadual do Norte Fluminense, em Campos dos Goytacazes.
- Publica os ensaios "Tiradentes estadista" e "Universidade do terceiro milênio: plano orientador da Universidade Estadual do Norte Fluminense" e o livro *A fundação do Brasil, 1500-1700* (em colaboração com Carlos de Araújo Moreira Neto).

1994

- Concorre, ao lado de Leonel Brizola, à Presidência da República.
- É internado em estado grave no Hospital Samaritano do Rio de Janeiro.
- Publica o ensaio "Tiradentes".

1995

- Deixa o hospital e segue para sua casa em Maricá, no intuito de concluir a série Estudos de Antropologia da Civilização, o que acaba por conseguir com a obra *O povo brasileiro: a formação e o sentido do Brasil*. Publica também o livro *Noções de coisas* (com ilustrações de Ziraldo).

1996

- Assina uma coluna semanal no jornal *Folha de S.Paulo*. Retoma sua cadeira no Senado e concentra suas atividades na aprovação da Lei nº 9.394/1996 (Lei de Diretrizes e Bases da Educação Nacional — Lei Darcy Ribeiro). Recebe o título de Doutor *Honoris Causa* da Universidade de Brasília. Recebe o Prêmio Interamericano de Educação Andrés Bello, concedido pela Organização dos Estados Americanos (OEA).
- Publica os ensaios "Los indios y el Estado Nacional" e "Ethnicity and Civilization" (este com Mércio Gomes) e o livro *Diários índios: os Urubu-Kaapor*.

1997

- Publica os livros *Gentidades, Mestiço é que é bom* e *Confissões*.
- Falece, em 17 de fevereiro, na cidade de Brasília, no dia em que defenderia o seu Projeto Caboclo no Senado.

Leia também, de Darcy Ribeiro

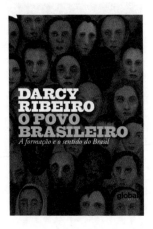

O povo brasileiro configura-se como um ensaio magnânimo de um pensador que expõe, com propriedade e por meio de uma linguagem clara e ao mesmo tempo exuberante, as agonias e os êxitos da formação brasileira. O subtítulo deste livro – *A formação e o sentido do Brasil* – define com acerto a dimensão deste texto seminal de Darcy Ribeiro. O autor promove um mergulho profundo nos meandros de momentos fundantes da formação nacional. Ele disserta sobre os antecedentes da expansão ultramarina, as instituições políticas que se organizaram no território americano, o choque entre os povos europeus e os que foram aqui subjugados, a incapacidade das elites monárquicas para lidar com a questão da mão de obra escrava, os processos falhos de urbanização e de industrialização do país, entre outras realidades que compuseram nosso passado.

De maneira inovadora e contundente, Darcy vê com bons olhos a gênese da identidade brasileira. Ancorado em ampla bibliografia e influenciado por sua experiência de intelectual que viveu muitas vidas, concebe uma visão positiva a respeito do que o Brasil tem a mostrar para o mundo. Na ótica de Darcy, a nação brasileira adquiriu plenas condições para lidar com as adversidades e diferenças e para se constituir como um modelo de civilização por ter enfrentado brava e criativamente enormes desafios em sua história e por ser composta por povos de diferentes matizes. Por essas e outras qualidades, *O povo brasileiro* firma-se como uma leitura imprescindível para todo aquele que deseja entender os destinos do ser nacional.

É urgente modernizar o Brasil. Esta necessidade, muitas vezes bradada por governantes em suas campanhas políticas, é enfrentada por Darcy Ribeiro com bravura e sabedoria neste *O Brasil como problema*. Ainda que enxergue e exponha claramente os percalços da aventura da formação histórico-social brasileira, é com fé no futuro que Darcy Ribeiro projeta os próximos passos de sua nação.

Em sua visão, em que pesem as tragédias políticas, sociais e econômicas perpetradas por reis, por presidentes e por nossas elites ao longo dos tempos, a sociedade brasileira não está fadada ao fracasso eterno e também não pode imputar totalmente aos nossos antepassados as agruras com as quais hoje convive. Um outro porvir é possível.

A viabilidade deste mistério chamado Brasil está exposta com nitidez neste livro. Um enigma que só uma mente prodigiosa e indignada como a de Darcy Ribeiro seria capaz de desvendar.

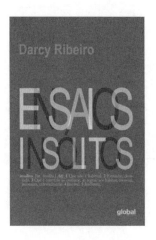

Nestes *Ensaios insólitos*, Darcy Ribeiro não economiza esforços para dissecar, com amplitude de reflexão e uma escrita envolvente, os dilemas e as ambiguidades que marcaram o desenvolvimento histórico-social da América Latina e, mais especificamente, do Brasil. O que suscitou a concentração de terras nas mãos de poucos? O que o Brasil perdeu com o extermínio de indígenas transcorrido ao longo de sua história? Como o país foi levado a se tornar uma economia periférica no mundo?

Essas e outras indagações fundamentais são respondidas por Darcy com um destemor sem igual. Como quem conversa com o leitor, ele reconstrói passo a passo as trilhas que tornaram a América Latina este continente multifacetado que, ao mesmo tempo que foi vincado por experiências políticas autoritárias, também possui em seus povos uma força criadora incomum. Neste livro, Darcy abre sendas, aponta caminhos, projetando sempre as estradas para um futuro promissor.